COLLECTION

DES

Meilleurs Romans

Français et Etrangers.

Paris,

CHEZ DAUTHEREAU, LIBRAIRE,

GRANDE COUR DU PALAIS ROYAL, CÔTÉ DU THÉATRE FRANÇAIS.

1827. — JEUDI, 15 NOVEMBRE.

DANIEL FOÉ.

IMPRIMERIE DE FIRMIN DIDOT,
RUE JACOB, N° 24.

LES AVENTURES

DE

ROBINSON CRUSOÉ.

Tome Second.

A PARIS,
CHEZ DAUTHEREAU, LIBRAIRE,
GRANDE COUR DU PALAIS-ROYAL, CÔTÉ DU THÉATRE-FRANÇAIS.

1827.

ROBINSON CRUSOÉ.

C'ÉTAIT le 6 de novembre, et l'an sixième de mon règne ou de ma captivité, que je m'embarquai pour ce voyage, qui fut plus long que je ne m'y étais attendu. L'île en elle-même n'était pas fort large, mais elle avait à l'est un grand rebord de rochers qui s'étendaient deux lieues avant dans la mer; les uns s'élevaient au-dessus de l'eau, et les autres étaient cachés: il y avait en outre, au bout de cette chaîne de rochers, un banc de sable qui était à sec, et avancé dans la mer d'une demi-lieue; de telle sorte que, pour doubler cette pointe, j'étais obligé de m'avancer beaucoup en mer.

A la première vue de toutes ces difficultés, je renonçai d'abord à mon entreprise, fondé sur l'incertitude, soit de la longue route qu'il me faudrait faire, soit de la manière dont je pourrais revenir sur mes pas. Je revirai même mon canot, et je le mis à l'ancre; car je m'en étais fait une avec une pièce rompue d'un grappin que j'avais sauvée du vaisseau.

Mon canot en sûreté, je pris mon fusil et je débarquai; puis je montai sur une petite éminence, d'où je découvris toute l'étendue de cette pointe; ce qui me permit de faire des observations d'après lesquelles je me décidai à effectuer mon voyage.

Je remarquai un courant rapide qui portait à l'est, et qui touchait la pointe de bien près, et je l'étudiai autant que je pus, car j'avais tout lieu de craindre qu'il ne fût dangereux, et que, si j'y tombais, il ne me portât en pleine mer, d'où il me serait difficile de regagner mon île. La vérité est que les choses seraient arrivées comme je le dis, si je n'eusse pris la précaution de monter sur cette éminence; car le même courant régnait de l'autre côté de l'île, avec cette différence cependant qu'il s'en écartait infiniment plus. Je reconnus aussi qu'il y avait une grande barre au rivage, d'où je conclus que je franchirais aisément toutes ces difficultés si j'évitais le premier courant, car je me croyais sûr de pouvoir profiter de cette barre.

Je couchai deux nuits sur cette colline, parce que le vent, qui soufflait assez fort de l'est sud-est, portait contre le courant, et causait divers brisements de mer sur la pointe : il n'était donc pas sûr pour moi, ni de me tenir trop près du rivage, de peur d'échouer, ni de m'avancer trop en mer, car alors je risquais de tomber dans le courant.

Le troisième jour, le vent étant tombé, et la mer étant calme, je recommençai mon voyage. Je n'eus pas plus tôt atteint la pointe que je me trouvai dans une mer très-profonde et dans un courant aussi violent que le pourrait être une écluse de moulin. Je n'étais pourtant guère éloigné de la terre que de la longueur de mon canot. Ce courant l'emporta avec une telle violence qu'il me fut impossible de le maintenir auprès du rivage. Je me sentais entraîner loin de la barre qui était à gauche. Le grand calme qui régnait ne me laissait rien espérer des vents, et toute ma manœuvre n'aboutissait à rien. Je me regardai comme un homme mort, car je savais que l'île était entourée de deux courants, et que par conséquent, à la distance de quelques lieues, ils devaient se rejoindre. Je me crus irrévocablement perdu et sans aucune espérance de conserver ma vie, non que je craignisse d'être noyé, la mer était trop calme, mais je ne voyais pas que je pusse échapper à la faim. Toutes mes provisions ne consistaient qu'en un pot de terre plein d'eau fraîche et une grande tortue, ce qui assurément ne pouvait me suffire. Je prévoyais que ce courant me jetterait en pleine mer, où je n'avais espérance de rencontrer, après un voyage peut-être de plus de mille lieues, aucun rivage d'île ou de continent.

Personne ne concevra jamais le désespoir où j'étais de me voir emporté loin de ma chère île dans la haute mer. J'en étais alors éloigné de deux lieues, et je n'avais plus d'espérance de la revoir. Je travaillais cependant avec beaucoup de vigueur à diriger mon canot vers le nord autant qu'il m'était possible, c'est-à-

pelait à diverses reprises par mon nom : « Robinson, Robinson, Robinson Crusoé, pauvre Robinson Crusoé, où avez-vous été? Robinson Crusoé, où êtes-vous? Robinson, Robinson Crusoé, où avez-vous été? »

Comme j'avais ramé tout le matin et marché tout l'après-midi, j'étais fatigué au point que je ne m'éveillai pas entièrement. Je me sentais assoupi, moitié endormi et moitié éveillé, et je croyais songer que quelqu'un me parlait. Cependant la voix continuant de répéter Robinson Crusoé, Robinson Crusoé, je m'éveillai enfin tout-à-fait, mais épouvanté et dans la dernière consternation. Je me rassurai néanmoins après avoir vu mon perroquet perché sur la haie : je reconnus d'abord que c'était lui qui m'avait parlé, car je l'avais instruit à prononcer ces mots. Souvent il venait se reposer sur mon doigt, et, approchant son bec de mon visage, il se mettait à crier : Pauvre Robinson Crusoé, où êtes-vous? où avez-vous été? comment êtes-vous venu ici? et autres choses semblables.

J'eus pourtant quelque peine à me remettre

entièrement, quoique je fusse certain que personne ne pouvait m'avoir parlé que mon perroquet. Comment, disais-je, est-il venu dans cet endroit plutôt que dans tout autre? Il n'y avait pourtant que lui qui pût m'avoir parlé. J'abandonnai ces réflexions, et, l'appelant par son nom, cet aimable oiseau vint se poser sur mon pouce, et me dit, comme s'il eût été ravi de me voir: « Pauvre Robinson Crusoé, où avez-vous été? » Je l'emportai ensuite au logis.

C'était avoir assez couru sur mer, et j'avais grand besoin de me reposer et de réfléchir sur les dangers que j'avais courus. J'aurais été ravi d'avoir mon canot dans la baie qui était près de ma maison, mais je ne voyais pas que cela fût possible. Je ne voulus plus me hasarder à faire le tour de l'île du côté de l'est. A cette seule pensée mon cœur se serrait et mon sang se glaçait dans mes veines. Pour l'autre côté de l'île, je ne le connaissais point; mais j'avais tout lieu de croire que le courant dont j'ai parlé y régnait aussi bien que vers l'est, et qu'ainsi je courrais risque d'y être précipité, et d'être emporté bien loin de mon île. Je me passai donc de canot, et me résolus ainsi à perdre les fruits d'un travail de plusieurs années.

Après cet incident, je menai plus d'un an une vie retirée, comme on peut bien se l'imaginer. Dans cet intervalle de temps, je me perfectionnai beaucoup dans les professions mécaniques auxquelles mes besoins m'obligeaient, et surtout je conclus, vu le manque où j'étais de plusieurs outils, que j'avais des dispositions toutes particulières pour la charpenterie.

Je devins en outre un excellent potier : j'avais inventé une roue admirable, au moyen de laquelle je donnais à mes vases, auparavant d'une étrange grossièreté, un tour et une forme très-commodes. Je trouvai aussi le moyen de faire une pipe; cette invention me causa une joie extraordinaire, et, si j'ose le dire, une si grande vanité, que je n'en ai jamais ressenti de pareille dans toute ma vie. Quoiqu'elle fût grossière, de la même couleur et de la même matière que mes autres ustensiles de terre, cependant elle tirait la fumée, et suffisait pour me procurer le plaisir de fumer. J'avais cette habitude, j'y tenais; mais, dans la croyance qu'il ne se trouvait point de tabac dans l'île, je ne m'étais pas soucié de prendre avec moi les pipes qui étaient dans le vaisseau.

Je fis aussi des progrès très-considérables dans la profession de vannier; je trouvai moyen de fabriquer plusieurs corbeilles assez mal tournées, mais qui ne laissaient pas de m'être très-utiles. Elles étaient aisées à porter, et propres à resserrer plusieurs choses et à en transporter d'autres. Si, par exemple, je tuais une chèvre, je la suspendais à un arbre, je l'écorchais, l'accommodais et la découpais, et je l'apportais ainsi au logis. J'en faisais de même à l'égard de la tortue; je l'éventrais, je prenais ses œufs et quelques morceaux de sa chair, que j'apportais au logis dans ma corbeille, laissant le surplus. De profondes corbeilles me servaient de greniers pour mon blé, que j'accommodais dès qu'il était sec.

Ma poudre commençait à diminuer : si elle venait à me manquer, j'étais tout-à-fait hors d'état d'y suppléer. Cette pensée me fit craindre pour l'avenir. Qu'aurais-je fait sans poudre? Comment aurais-je pu tuer des chèvres? Je nourrissais à la vérité une chevrette depuis long-temps; je l'avais apprivoisée dans l'espérance que j'attraperais peut-être quelque bouc; mais je ne pus le faire que lorsque ma chevrette fut devenue une vieille chèvre. Je n'eus pas le courage de la tuer, et je la laissai mourir de vieillesse. Mais étant dans la onzième année de ma résidence, et mes provisions se trouvant fort diminuées, je commençai à songer aux moyens d'avoir des chèvres par adresse. Je souhaitais fort d'en attraper plusieurs qui fussent en vie, et, s'il était possible, d'avoir des chevrettes qui portassent.

Pour cet effet, je tendis des filets, et quelques-unes s'y prirent; mais comme le fil en était très-faible, elles s'échappèrent aisément. Je trouvai toujours les amorces mangées, mes filets rompus, et je n'en pouvais faire de plus forts, puisque je manquais de fil d'archal.

J'essayai de les prendre par le moyen d'un trébuchet. Je fis donc plusieurs fossés dans les endroits où elles avaient coutume d'aller paître; je les couvris de claies, que je chargeai de beaucoup de terre, les parsemant d'épis de riz et de blé. Mais mon projet ne réussit point : les chèvres venaient manger mon grain, s'enfonçaient même dans le trébuchet, et pourtant elles trouvaient le moyen d'en sortir. Je m'avisai enfin de tendre une nuit trois trappes ; j'allai les visiter le lendemain matin, et je trouvai qu'elles étaient encore tendues, mais que les amorces en avaient été arrachées. Tout autre que moi se serait rebuté, mais au contraire je travaillai à perfectionner mes trappes ; et en allant un matin pour les visiter, je trouvai dans l'une un vieux bouc d'une grandeur extraordinaire, et dans l'autre trois chevreaux, l'un mâle et les deux autres femelles.

Le vieux bouc était si farouche que je n'en savais que faire. Je n'osais ni entrer dans son trébuchet, ni par conséquent l'emmener en vie, ce que j'aurais néanmoins souhaité avec beaucoup d'ardeur. Il m'aurait été facile de le tuer, mais cela ne répondait point à mes vues. Je le dégageai donc, et le laissai en pleine liberté. Je ne crois pas qu'on ait jamais vu d'animal s'enfuir avec plus de frayeur. Il ne me vint pas dans l'esprit alors que, par la faim, on pouvait apprivoiser même les lions, car autrement je l'aurais laissé dans son trébuchet, et là, le faisant jeûner pendant trois ou quatre jours, et lui apportant ensuite à boire et un peu de blé, je l'aurais apprivoisé avec la même facilité que les trois autres chevreaux. Ces animaux sont fort dociles pour la personne qui les nourrit.

Quant aux chevreaux, je les tirai de leur fosse un à un, et, les attachant tous trois à un même cordon, je les amenai chez moi, non sans beaucoup de difficultés. Il se passa quelque temps avant qu'ils voulussent manger, mais enfin, tentés par le bon grain que je mettais devant eux, ils commencèrent à manger, et à s'apprivoiser. J'espérai pouvoir me nourrir de la chair de chèvre, quand même la poudre et la dragée me manqueraient. Selon toutes les apparences, disais-je, j'aurai dans la suite, et autour de ma maison, un troupeau à ma disposition.

Il me vint à la pensée que je devrais enfermer mes chevreaux dans un certain espace de terrain, que j'entourerais d'une haie très-épaisse, afin qu'ils ne pussent se sauver, et que les chèvres sauvages ne les approchassent non plus, car j'appréhendais que par ce mélange ils ne devinssent sauvages. Le projet était vaste pour un seul homme; mais l'exécution en était d'une nécessité absolue. Je cherchai une pièce de terre propre au pâturage; où il y eût de l'eau pour les abreuver, et de l'ombre pour les garantir des chaleurs extraordinaires du soleil.

Ceux qui entendent la manière de faire cette espèce d'enclos me traiteront sans doute d'homme peu inventif lorsqu'ils apprendront quels arrangements je fis après avoir trouvé un lieu tel que je le désirais: c'était une prairie que deux ou trois petits filets d'eau traversaient, et qui d'un côté était tout ouverte, et de l'autre aboutissait à de grands bois; ils ne pourront, dis-je, s'empêcher de rire de ma grande prévoyance quand je leur dirai que, d'après mon plan, je devais faire une haie de la longueur de deux milles au moins. Le ridicule de ce plan n'était pas en ce que la haie se trouvait disproportionnée à l'enclos, mais de ce que, faisant un enclos d'une si grande étendue, les chèvres auraient pu devenir sauvages tout autant que si je leur eusse donné la liberté de courir dans l'île, et d'ailleurs je n'aurais jamais pu les attraper.

Ma haie était déja avancée d'environ cent cinquante pieds lorsque cette pensée me vint. Je changeai donc mon plan, et je décidai que la largeur de mon enclos ne serait que d'environ trois cent soixante pieds, et sa longueur à peu près de six cents. Cet espace était assez étendu pour qu'un troupeau médiocre pût y vivre; s'il devenait très-nombreux, il m'était aisé d'élargir cet enclos.

Comme ce projet me paraissait bien imaginé, j'y travaillai avec beaucoup de vigueur, et, pendant tout cet intervalle, je faisais paître mes chevreaux auprès de moi, avec des entraves aux jambes, de crainte qu'ils ne s'échappassent. Je leur donnais souvent des épis d'orge, et quelques poignées de riz. Ils les prenaient dans ma main, et de cette manière je les apprivoisai tellement, que lorsque mon enclos fut terminé, et que je les eus débarrassés de leurs entraves, ils me suivaient partout pour quelques poignées d'orge ou de riz.

Dans l'espace d'un an et demi j'eus un troupeau de douze têtes, tant boucs que chèvres et chevreaux; deux ans après j'en eus quarante-trois, quoique j'en eusse tué plusieurs pour mon usage. Je travaillai ensuite à faire cinq nouveaux enclos, mais plus petits que le premier. J'y ménageai plusieurs petits parcs, pour y chasser les chèvres, afin de les prendre plus commodément, et des portes, pour qu'elles pussent passer d'un enclos dans un autre.

Ce ne fut qu'assez tard que je songeai à profiter du lait de mes chèvres. La première pensée qui m'en vint me causa un très-grand plaisir, et, sans balancer, je fis une laiterie. Mes chèvres me donnaient quelquefois huit à dix pintes de lait par jour : je n'avais jamais trait ni vache, ni chèvre.

Que la bonté de Dieu paraît bien visiblement lorsqu'il tempère les conditions les plus affreuses par des marques toutes particulières de sa bienveillance et de sa protection ! En combien de manières ne peut-il pas adoucir l'état le plus pénible, et fournir à ceux-là même qui sont dans la plus grande détresse de puissants motifs pour lui rendre de sincères actions de graces! Quelle apparence pour moi que dans ce désert, où je croyais périr de faim, je dusse trouver une table aussi abondante!

Il n'y a pas de stoïcien qui ne se fût diverti de me voir dîner avec toute ma famille. J'étais le roi et le seigneur de toute l'île : maître absolu de tous mes sujets, j'avais sur eux droit de vie et de mort. Je pouvais les priver de leur liberté ou la leur rendre. Point de rebelles dans mes états.

Je dînais, comme un roi, à la vue de toute ma cour : mon perroquet, comme s'il eût été mon favori, avait seul la permission de parler. Mon chien, qui alors était devenu vieux et chagrin, et qui n'avait pas d'animaux de son espèce pour multiplier, était toujours assis à ma droite. Mes deux chats étaient l'un à un bout de la table, et l'autre à l'autre bout, attendant que, par une faveur spéciale, je leur donnasse quelques morceaux de viande.

Ces deux chats n'étaient pas les mêmes que ceux que j'apportai avec moi du vaisseau : il y avait long-temps qu'ils étaient morts et que je les avais enterrés de mes propres mains. Mais l'un ayant fait des petits, avec je ne sais quelle espèce d'animal, j'apprivoisai les deux qui m'étaient restés; les autres s'enfuirent dans les bois et devinrent sauvages. Ils s'étaient tellement multipliés, qu'ils me devinrent très-incommodes. Ils pillaient tout ce qu'ils pouvaient attraper de mes provisions, et je ne pus m'en défaire qu'en les tuant.

Je souhaitais beaucoup d'avoir mon canot près de mon habitation; mais je ne pouvais me résoudre à m'exposer à de nouveaux hasards. Quelquefois je songeais aux moyens de l'amener, en côtoyant, jusque dans ma baie, et d'autres fois je me consolais de l'impossibilité de le faire. Il me prit un jour une si violente envie de me porter à la pointe de l'île où j'avais déja été, et d'observer de nouveau les côtes, en montant sur la petite colline dont j'ai parlé, que je ne pus résister à ce désir. Je me mis donc en chemin.

Si dans la province d'York on rencontrait un homme dans l'équipage où j'étais alors, on s'épouvanterait, ou l'on rirait aux éclats.

Je portais un chapeau d'une hauteur effroyable, et sans forme, fait de peau de chèvre. J'y avais attaché par-derrière la moitié d'une peau de bouc, qui me couvrait tout le cou afin de me préserver des chaleurs du soleil, et de peur que la pluie n'entrât sous mes habits; car dans ces climats rien n'est plus dangereux.

J'avais une espèce de robe courte, de même que mon chapeau, de peau de chèvre, et dont les bords descendaient jusqu'au-dessous de mes genoux. Mes culottes étaient ouvertes; la peau d'un vieux bouc en avait fourni l'étoffe. Le poil était d'une longueur si extraordinaire, qu'il descendait, comme des pantalons, jusqu'au milieu de ma jambe. Je n'avais ni bas ni souliers, mais je m'étais fait pour mes jambes une paire de je ne sais quoi, qui ressemblait néanmoins assez à des bottines : je les attachais comme on fait pour les guêtres; elles étaient, de même que mes autres habits, d'une forme étrange et bizarre.

J'avais un ceinturon de la même étoffe que les vêtements. Au lieu d'une épée et d'un sabre, je portais d'un côté une scie, et de l'autre une hache. Je portais aussi un baudrier qui descendait de mon épaule droite sous mon bras gauche, et à l'extrémité duquel pendaient deux poches faites de la même matière que le reste; dans l'une je mettais ma poudre, et dans l'autre ma dragée. Sur mon dos je portais une corbeille, sur l'épaule un fusil, et sur ma tête un parasol assez grossièrement travaillé, mais qui, après mon fusil, était ce dont j'avais le plus de besoin.

Pour mon visage, il n'était pas aussi hâlé qu'on pourrait le croire d'un homme qui n'en prenait aucun soin, et qui n'était éloigné de la ligne que de huit à neuf degrés. Quant à ma barbe, je l'avais une fois laissée croître jusqu'à la longueur d'un quart d'aune; mais comme j'avais des ciseaux et des rasoirs, je la coupais ordinairement d'assez près, hors celle qui croissait sur la lèvre supérieure. Je m'étais fait un plaisir de lui donner la tournure d'une moustache à la mahométane, et telle que la portaient les Turcs que j'avais vus à Salé, car les Maures n'en ont point. Je ne dirai pas ici que mes moustaches étaient d'une telle longueur que j'aurais pu y suspendre mon chapeau, mais j'ose bien assurer qu'elles étaient si longues et si singulièrement arrangées, qu'en Angleterre elles auraient paru effroyables.

Je reviens au récit de mon voyage : j'y employai cinq ou six jours, marchant d'abord le long des côtes, droit vers le lieu où j'avais mis autrefois mon canot à l'ancre. De là je découvris aisément la colline qui m'avait servi d'observatoire. J'y montai, et quel fut mon étonnement de voir la mer calme et tranquille! Point de mouvement impétueux, point de courant, non plus que dans ma petite baie.

Je mis mon esprit à la torture pour pénétrer les raisons de ce changement. Je résolus d'observer la mer pendant quelque temps, parce que je soupçonnais que le courant dont j'ai parlé n'avait d'autre cause que la marée; et je ne fus pas long-temps sans être au fait de cette étrange mutation de la mer. Je vis, à n'en pouvoir douter, que le reflux, partant de l'ouest, et se joignant au cours de quelque rivière, était la cause du courant qui m'avait emporté avec tant de violence. Selon que les vents de l'ouest et du nord étaient plus ou moins violents, le courant s'étendait jusque sur l'île, ou se perdait à une moindre distance dans la mer. C'était avant midi que je faisais toutes ces observations, et celles que je fis le soir me confirmèrent dans mon opinion. Je revis le courant de même que je l'avais vu autrefois, avec cette différence pourtant qu'au lieu de se porter directement vers mon île, il s'en éloignait d'une demi-lieue.

De toutes ces observations je conclus qu'en remarquant le temps du flux et du reflux de la marée, il me serait très-aisé d'amener mon canot auprès de ma maison. Mais le souvenir des dangers passés me causait une telle frayeur, que je n'osai jamais réaliser ce projet. J'aimai mieux former un autre plan, dont l'exécution était plus sûre, quoique plus laborieuse; c'était de faire un autre canot. Je me livrai à ce travail avec l'activité que je mettais dans toutes mes entreprises, et ainsi j'eus deux canots; un pour chaque côté de l'île.

J'avais aussi deux plantations. L'une était

ma tente ou ma petite forteresse, entourée de sa palissade et creusée dans le roc. Je m'y étais ménagé plusieurs chambres ; dans la moins humide et la plus grande, qui avait une porte pour sortir hors de la palissade, je tenais les grands pots de terre dont j'ai fait la description, et quatorze ou quinze grandes corbeilles dont chacune contenait cinq ou six boisseaux. Ces corbeilles me servaient à recueillir et à garder mes provisions, et particulièrement mes grains ; les uns encore dans leurs épis, et les autres nus, les ayant froissés dans mes mains.

Les pieux de ma palissade étaient devenus de grands arbres, et tellement touffus, qu'il était impossible d'apercevoir qu'ils renfermassent dans leur centre aucun lieu habité.

Tout auprès, mais dans un endroit moins élevé, j'avais une espèce de petite terre pour y semer mes grains ; et comme je la tenais toujours fort bien cultivée, j'en tirais chaque année une abondante récolte. S'il y avait eu de la nécessité pour moi d'avoir plus de grains, j'aurais pu l'agrandir sans beaucoup de peine.

Outre cette plantation, j'en avais une autre

assez considérable, que j'appelais ma maison de campagne. J'y entretenais un petit berceau avec beaucoup de soin, c'est-à-dire que j'émondais la haie qui fermait ma plantation, de manière qu'elle n'excédât pas une certaine hauteur. Les arbres, qui dans l'origine n'étaient que des pieux, devinrent avec le temps très-élevés ; je les cultivais de façon qu'ils pussent étendre leurs branches, devenir touffus, et par-là donner un agréable ombrage. Au milieu de ce circuit j'avais ma tente, formée d'une pièce de voile bien étendue sur des perches. Sous cette tente je plaçai un lit de repos, fait de la peau des bêtes que j'avais tuées, et d'autres substances molles. Une couverture de lit sauvée du naufrage, et un gros surtout, servaient à me couvrir. Voilà quelle était la maison de campagne où je me retirais lorsque mes affaires ne me retenaient point dans ma capitale.

A côté, et tout aux environs de mon berceau, étaient les pâturages de mon bétail, c'est-à-dire de mes chèvres ; et comme j'avais pris des peines inconcevables à partager ces pâturages en divers enclos, j'étais aussi fort soigneux d'en conserver les haies. Je portai même mon travail et mes soins sur cet article, jusqu'à planter tout autour des baies de petits pieux en très-grand nombre et fort serrés. C'était une palissade où l'on ne pouvait fourrer la main, et ces pieux ayant pris racine par le premier temps pluvieux, ils poussèrent des rejetons, et rendirent mes haies aussi fortes et même plus que les meilleures murailles.

Tous ces travaux attestaient bien que je n'étais pas paresseux, et que je n'épargnais ni soins ni peines pour me procurer de quoi vivre avec quelque aisance. Le troupeau de boucs, disais-je, est pour toute ma vie, fût-elle de quarante années, un magasin vivant de viande, de lait, de beurre et de fromage. Je ne dois donc rien négliger pour ne pas les perdre.

Mes vignes étaient aussi dans ces quartiers; j'en tirais des provisions de raisins pour tout l'hiver. Je les ménageais avec toute la précaution possible; c'était un de mes mets les plus délicieux. Ils me servaient de nourriture, de rafraîchissements et de médicaments.

Cet endroit se trouvait justement à mi-chemin de ma forteresse et de la baie où j'avais mis mon canot ; lorsque j'allais le visiter, je m'arrêtais dans ce lieu, et j'y couchais une nuit. J'avais grand soin de mon canot : je trouvais beaucoup de plaisir à me promener sur mer ; mais je prenais garde de ne pas trop m'éloigner du rivage ; je n'osais m'en écarter tout au plus que de deux jets de pierre. J'appréhendais que le vent, un courant, ou quelque hasard, ne m'emportât loin de mon île. Mais me voici insensiblement arrivé à un genre de vie bien différent de celui que j'ai dépeint jusqu'ici.

Un jour, que j'allais à mon canot, je découvris très-distinctement sur le sable les marques d'un pied nu ; jamais je ne fus saisi d'une plus grande frayeur ; je m'arrêtai tout court, comme si j'eusse été frappé de la foudre, ou comme si j'eusse eu quelque apparition. Je me mis aux écoutes, je regardai tout autour de moi ; mais je ne vis et n'entendis rien : je montai sur une petite éminence pour étendre ma vue au loin, j'en descendis, et j'allai au rivage ; mais je n'aperçus rien de nouveau, ni aucun autre vestige d'homme que celui dont je viens de parler. J'y retournai, dans l'espérance que ma crainte n'était peut-être qu'une illusion; mais je revis les mêmes marques d'un pied nu, les orteils, le talon, et tous les autres indices d'un pied d'homme. Je ne savais qu'en conjecturer : je m'enfuis vers ma fortification, tout troublé, regardant derrière moi presque à chaque pas, et prenant tous les buissons que je rencontrais pour des hommes. Il n'est pas possible de décrire les diverses figures qu'une imagination effrayée trouve dans tous les objets. Combien d'idées folles et de pensées bizarres me sont venues à l'esprit pendant que je courais vers ma forteresse !

Je n'y fus pas plus tôt arrivé que je m'y jetai comme un homme qu'on poursuit, et je ne puis me souvenir si j'y entrai par l'échelle, ou par le trou qui était dans le roc, et que j'appelais une porte. J'étais trop effrayé pour que le souvenir m'en soit resté. Jamais lapin ni renard ne se terra avec plus de frayeur que je me sauvai dans mon château, car c'est ainsi que je l'appellerai dans la suite.

Je ne pus dormir de toute la nuit ; à mesure que la cause de ma frayeur s'éloignait, mes craintes s'augmentaient davantage, au contraire de ce qui arrive ordinairement à tous les animaux effrayés. La terreur troublait si fort mes idées que, quoique fort éloigné de l'endroit où j'avais pris l'alarme, mon imagination ne me représentait rien qui ne fût triste et affreux.

Revenant à des idées plus saines, je pensai enfin que ce ne pouvaient être que des sauvages du continent, qui, ayant mis en mer avec leurs canots, avaient été portés dans l'île par les vents contraires, ou par les courants, et qui avaient eu aussi peu d'envie de rester sur ce rivage désert que j'en avais moi-même de les y voir.

Pendant que ces réflexions roulaient dans mon esprit, je rendis grace au ciel de ce que je ne m'étais pas trouvé alors dans cet endroit de l'île, et de ce que ma chaloupe avait échappé aux yeux des sauvages, qui autrement se seraient aperçus que l'île était habitée, ce qui aurait pu les porter à me chercher, et peut-être m'aurait fait découvrir.

Dans certains moments je m'imaginais que

ma chaloupe avait été trouvée, et cette pensée m'agitait de la manière la plus cruelle; je m'attendais à les voir revenir en plus grand nombre, et je craignais, lors même que je pourrais me dérober à leur barbarie, qu'ils ne trouvassent mon enclos : en effet, si ce malheur me fût arrivé, ils auraient détruit mon blé, emmené mon troupeau, et je me serais vu exposé à mourir de faim.

Cependant dès que je fus un peu remis de mes alarmes, je sortis de ma retraite pour aller fureter partout à mon ordinaire. Je n'étais pas encore sorti de mon château depuis trois jours et autant de nuits, et je commençais à languir de faim, n'ayant rien chez moi que quelques biscuits et de l'eau; je songeai d'ailleurs que mes chèvres avaient grand besoin d'être trayées, ce qui était d'ordinaire mon amusement du soir. Je n'avais pas tort d'en être en peine, les pauvres animaux avaient beaucoup souffert, plusieurs en étaient très-malades, et le lait de la plupart était desséché.

Encouragé par la pensée que je n'avais eu peur que de mon ombre, j'allai à ma maison de campagne; on m'aurait pris pour un homme agité par la plus mauvaise conscience, à voir avec quelle crainte je marchais, combien de fois je regardais derrière moi, comme je posais de temps en temps à terre mon pot au lait, pour courir avec autant de vitesse que s'il se fût agi de sauver ma vie.

Cependant, après y être allé de cette manière pendant deux ou trois jours, je devins plus hardi, et je me confirmai dans le sentiment que j'avais été la dupe de mon imagination. Pour m'en convaincre pleinement, je me transportai sur les lieux, afin de mesurer le vestige qui m'avait causé tant d'inquiétude. Mais dès que je fus arrivé à l'endroit fatal, je vis clairement qu'il n'était pas possible que je fusse sorti de ma barque près de là, et, qui plus est, je trouvai le vestige dont il s'agit, bien plus grand que mon pied, ce qui me causa de nouvelles angoisses. Un frisson me saisit comme si j'avais eu la fièvre, et je m'en retournai chez moi persuadé que des hommes étaient descendus sur ce rivage, ou que l'île était habitée, et que je courais risque d'être attaqué à l'improviste, sans savoir de quelle manière me précautionner.

Je me proposai d'abord de jeter à bas mes enclos, de faire rentrer dans les bois mon troupeau apprivoisé, et d'aller chercher dans un autre coin de l'île des commodités pareilles à celles que je voulais sacrifier à ma conservation. Je résolus encore de renverser ma maison de campagne et ma hutte, et de bouleverser mes deux terres couvertes de blé, afin d'ôter aux sauvages jusqu'aux moindres soupçons capables de les amener à la découverte des habitants de l'île.

Je commençai même à me repentir d'avoir percé ma caverne si avant, et de lui avoir donné une sortie dans l'endroit où ma fortification joignait le rocher. Pour remédier à cet inconvénient, je résolus de me faire un second retranchement également en demi-cercle, à quelque distance de mon rempart, à la place même où douze ans auparavant j'avais planté une double rangée d'arbres. Je les avais mis si serrés, qu'il ne me fallait qu'un petit nombre de palissades entre deux pour en faire une fortification suffisante.

Je me trouvais ainsi derrière deux remparts; celui de dehors était fortifié de pièces de bois, de vieux câbles, et de tout ce que j'avais jugé propre à le renforcer, et je le rendis épais de plus de dix pieds à force d'y apporter de la terre, et de lui donner de la consistance en marchant dessus. Je pratiquai cinq ouvertures assez larges pour y passer le bras et dans lesquelles je plaçai cinq mousquets, en guise de canons sur des espèces d'affûts, de telle manière que je pouvais faire feu de toute mon artillerie en deux minutes. Je me fatiguai pendant plusieurs mois à terminer ce retranchement, et je n'eus point de repos avant de le voir fini.

Cet ouvrage achevé, je remplis un grand espace de terre, hors du rempart, de rejetons d'un bois semblable à de l'osier, propre à s'affermir et à croître en peu de temps. Je crois que j'en plantai, en une seule année, plus de vingt mille, de manière que je laissai un vide assez grand entre ces plants et mon rempart, afin de pouvoir découvrir l'ennemi, et qu'il ne pût me dresser des embuscades au milieu de ces jeunes arbres. Deux ans après ils formaient déja un bocage épais, et au bout de six ans j'avais devant ma demeure une forêt d'une telle épaisseur et d'une si grande force, qu'elle était absolument impénétrable : personne ne se serait imaginé qu'elle cachât l'habitation d'une créature humaine.

Comme je n'avais point laissé d'avenue à mon château, je me servais pour y entrer et pour en sortir de deux échelles : avec la première je montais jusqu'à un endroit du roc où il y avait place pour poser la seconde, et quand je les avais retirées l'une et l'autre, il n'aurait été possible à personne de venir à moi sans courir les plus grands dangers. D'ailleurs, si quelqu'un avait eu assez de bonheur pour descendre du roc, il se serait encore trouvé au-delà de mon retranchement extérieur.

C'est ainsi que je pris pour ma conservation toutes les mesures que la prudence humaine pouvait me suggérer.

Pendant ces occupations, je ne laissais pas d'avoir l'œil sur mes autres affaires; je m'intéressais surtout à mon petit troupeau de chèvres, qui commençait non-seulement à m'être d'une grande ressource dans les occasions présentes, mais qui, pour l'avenir, me faisait espérer une grande économie de plomb, de poudre et de fatigues, que sans lui j'aurais dû employer à la chasse des chèvres sauvages. J'aurais été au désespoir de perdre un avantage si considérable, et d'être obligé de prendre la peine d'assembler et d'élever un nouveau troupeau.

Après une mûre délibération, je ne trouvai que deux moyens de mettre mes chèvres hors d'insulte. Le premier était de creuser une autre caverne sous terre, et de les y faire entrer toutes les nuits; et le second, de faire deux ou trois autres petits enclos éloignés les uns des autres, et le plus cachés qu'il fût possible, dans chacun desquels je pusse renfermer une demi-douzaine de jeunes chèvres, afin que, si quelque désastre arrivait au troupeau général, je me trouvasse en état de le remettre sur pied en peu de temps et avec peu de peine : quoique ce dernier parti fût d'une exécution longue et pénible, il me parut le plus raisonnable.

Pour réaliser ce dessein, je me mis à parcourir tous les recoins de l'île, et je trouvai bientôt un endroit aussi détourné que je le souhaitais. C'était une pièce de terre unie, au milieu des bois les plus épais, où j'avais failli me perdre un jour en revenant de la partie orientale de l'île. Elle offrait une espèce de parc dont la nature avait déja fait presque tous les frais, et qui par conséquent n'exigeait pas un travail si rude que celui que j'avais consacré à mes autres enclos.

Je mis aussitôt la main à l'œuvre, et en moins d'un mois j'avais si bien aidé la nature, que mes chèvres, qui étaient déja passablement bien apprivoisées, pouvaient être en sûreté dans cet asile: j'y conduisis d'abord deux femelles et deux mâles, puis je me mis à perfectionner mon ouvrage à loisir.

Le seul vestige d'un homme me coûta tout ce travail, et il y avait déja deux ans que je vivais dans ces transes mortelles.

Un jour, m'avançant vers la pointe occidentale de l'île plus que je n'avais encore fait, je crus apercevoir, d'une hauteur où j'étais, une chaloupe bien loin en mer; j'avais trouvé quelques lunettes d'approche dans un des coffres que j'avais sauvés du vaisseau; mais par malheur je n'en avais pas alors sur moi, et je ne pus distinguer l'objet en question, quoique j'eusse fatigué mes yeux à force de diriger mes regards vers lui. Ainsi, je restai dans l'incertitude si c'était une chaloupe ou non; d'où je pris la résolution de ne plus sortir sans emporter une de mes lunettes.

Étant descendu de la colline, et me trouvant dans un endroit où je n'avais jamais été, je fus pleinement convaincu qu'un vestige d'homme n'était pas une chose fort rare dans mon île, et que si la Providence ne m'avait pas jeté du côté où les sauvages ne venaient jamais, j'aurais su qu'il était très-ordinaire aux canots du continent de chercher une rade dans cette île quand ils se trouvaient par hasard trop avant dans la haute mer. J'aurais appris encore qu'après quelque combat entre les canots des différentes peuplades, les vainqueurs menaient leurs prisonniers sur mon rivage pour les tuer et pour les manger.

Un spectacle qui s'offrit alors à moi, sur le

rivage du côté du sud-ouest, m'instruisit de toutes ces particularités; ce spectacle me remplit d'étonnement et d'horreur : j'aperçus la terre parsemée de crânes, de mains, de pieds, et d'autres ossements humains; près de là étaient les restes d'un feu, et un banc creusé dans la terre, en forme de cercle, où sans doute ces cannibales s'étaient placés pour faire leur épouvantable festin.

Cette cruelle vue suspendit pour quelque temps l'idée de mes propres dangers, toutes mes appréhensions étaient étouffées par les impressions que me donnait cette brutalité repoussante. J'en avais entendu parler souvent, et cependant la vue ne m'en choqua pas moins que si la chose ne m'était jamais venue à l'imagination. Je détournai mes yeux de ces restes affreux, j'éprouvai des angoisses déchirantes, et je serais tombé en faiblesse si la nature ne m'avait soulagé par un vomissement violent; quoique revenu à moi-même, je ne pus me résoudre à rester dans cet endroit, et je tournai mes pas vers ma demeure.

Quand je me fus éloigné de cet horrible

spectacle, je m'arrêtai comme un homme frappé de la foudre, et, reprenant mes sens, j'élevai mes yeux au ciel, le cœur attendri et les yeux pleins de larmes; je rendis graces à Dieu de ce qu'il m'avait fait naître dans une partie du monde éloignée de ce peuple barbare.

L'ame pleine de ces sentiments de reconnaissance, je revins chez moi plus tranquille que je ne l'avais encore été, car j'étais persuadé que ces êtres féroces n'abordaient jamais l'île dans le dessein d'y faire quelque butin, n'ayant besoin d'y rien chercher, ou ne croyant pas y trouver grand'chose, pensée dans laquelle ils étaient peut-être confirmés par les courses qu'ils pouvaient avoir faites dans les forêts.

J'avais déja passé dix-huit ans sans rencontrer personne, et je pouvais espérer d'en passer encore autant avec le même bonheur, pour peu que je ne me découvrisse pas moi-même, ce qui n'était nullement mon dessein; à moins que de trouver l'occasion de faire connaissance avec une meilleure espèce d'hommes que des cannibales.

Cependant l'horreur qui me resta de leur

brutale coutume me jeta dans une espèce de mélancolie, et me tint pendant deux ans renfermé dans mes domaines : j'entends par là mon château, ma maison de campagne, et mon nouvel enclos dans les bois. Je n'allais dans ce dernier lieu, qui était la demeure de mes chèvres, que quand il le fallait absolument, tant je craignais de rencontrer ces sauvages féroces. Je n'avais garde non plus d'aller examiner l'état de ma chaloupe, et je résolus d'en construire une autre ; car il ne fallait plus songer à faire le tour de l'île avec la vieille, puisque c'était le vrai moyen de les rencontrer en mer, et de tomber entre leurs mains.

Enfin le temps et la certitude où j'étais que je ne courais aucun risque d'être découvert me firent reprendre peu à peu ma manière de vivre ordinaire, excepté que j'avais l'œil plus au guet qu'auparavant, et que je ne tirais plus mon fusil, de peur d'exciter la curiosité des sauvages, si par hasard ils se trouvaient dans l'île. C'était un grand bonheur pour moi de m'être pourvu d'un troupeau de chèvres apprivoisées, et de n'être pas contraint d'aller à la chasse. Si j'en attrapais quelqu'une de temps à autre, ce n'était que par le moyen de mes piéges.

Je ne sortais jamais sans mon mousquet, et comme j'avais sauvé trois pistolets du vaisseau, j'en portais toujours deux à ma ceinture de peau de chèvre. J'y ajoutais un de mes grands coutelas bien fourbi, et pour lequel j'avais fait un baudrier de la même étoffe. On croira facilement que dans mes sorties j'avais l'air formidable, si l'on ajoute à la description que j'ai faite auparavant de ma figure ces deux pistolets, et le large sabre sans fourreau qui pendait à mon côté.

A cela près de ces précautions nécessaires, regardant ma condition d'un œil plus tranquille, je commençai à la trouver encore supportable, au moins relativement à bien d'autres.

Quoique peu de choses me manquassent, je remarquai pourtant avec chagrin que mes frayeurs et les soins que j'avais pris pour ma conservation avaient émoussé mon adresse ordinaire dans la recherche des choses qui pouvaient m'être utiles : ces craintes m'avaient fait négliger entre autres une heureuse idée, qui m'avait occupé autrefois, savoir, de sécher une partie de mon grain, et de le rendre propre à faire de la bière.

Ce projet me paraissait fort bizarre, à cause du grand nombre d'ustensiles qui me manquaient pour parvenir à mon but: je ne possédais point de tonneaux, et j'avais autrefois employé le travail de plusieurs mois pour en construire, sans en venir à bout; j'étais dépourvu de houblon pour rendre la bière susceptible de se conserver, de levûre pour la faire fermenter, et de chaudière pour la faire bouillir; malgré tous ces inconvénients, je suis persuadé que, sans les appréhensions que m'avaient causées les sauvages, je l'aurais entrepris, et peut-être avec succès, puisque rarement j'abandonnais un dessein quand il m'était une fois bien entré dans la tête, et lorsque j'avais commencé à y mettre la main.

Mais à présent mon esprit inventif s'était tourné d'un tout autre côté, et je ne faisais que songer nuit et jour aux moyens de détruire quelques-uns de ces monstres au milieu de leurs divertissements sanguinaires, et de sauver leurs victimes, s'il était possible. Mais tout cela n'aboutissait à rien : mon unique ressource était en moi-même; et que pouvait faire un seul homme au milieu d'une trentaine de gens armés de javelots, de dards et de flèches, dont les coups étaient aussi sûrs que ceux de mes armes à feu ?

Quelquefois je songeais à creuser une mine sous l'endroit où ils faisaient leur brasier, et à y placer cinq ou six livres de poudre à canon, qui, s'allumant dès que le feu y pénétrerait, ferait sauter en l'air tout ce qui se trouverait aux environs. Mais j'étais fâché d'employer tout d'un coup tant de poudre; car ma provision ne consistait plus que dans un seul baril; de plus, je ne pouvais avoir aucune certitude du bon effet de ma mine, qui peut-être n'aurait fait que leur griller les oreilles, sans leur donner assez de frayeur pour leur faire abandonner l'île pour toujours. Je renonçai donc à cette entreprise, et je me proposai de me mettre en embuscade dans un lieu convenable, avec mes trois fusils chargés à double charge, et de tirer sur eux au milieu de leur cérémonie sanguinaire, bien certain d'en tuer ou d'en blesser au moins deux ou trois à chaque coup, et de venir facilement à bout du reste, fussent-ils une vingtaine, en tombant sur eux avec mes trois pistolets et mon sabre.

J'employai plusieurs jours à chercher un endroit favorable à mon embuscade, et je descendis même fréquemment vers le lieu de leur festin, avec lequel je commençai à me familiariser, surtout dans le temps que mon esprit était plein d'idées de vengeance et de carnage; car je n'étais que plus animé à l'exécution de mon dessein par les marques de la barbarie de ces anthropophages.

A la fin je trouvai une place commode sur un des côtés de la colline, d'où je pouvais attendre en sûreté l'arrivée de leurs barques, et de laquelle, pendant qu'ils débarqueraient, je pouvais me glisser dans le plus épais du bois; j'avais découvert un arbre assez creux pour me cacher entièrement, de là je pouvais épier tous leurs mouvements, et viser sur eux quand ils se trouveraient si serrés autour de leur épouvantable festin qu'il me serait presque impossible de n'en pas mettre du premier coup trois ou quatre hors de combat.

Satisfait de cette découverte, et décidé à exécuter mon entreprise, je préparai deux mousquets et mon fusil de chasse; je chargeai chacun des premiers de ferraille et de quatre ou cinq balles de pistolets, et l'autre, d'une poignée de la plus grosse dragée; je fis couler quatre balles dans chaque pistolet, et ainsi fourni de munitions pour une seconde et une troisième décharge, je me préparai au combat.

Dans cette résolution, je ne manquai pas de me trouver tous les matins au sommet de la colline, éloignée de mon château d'un peu plus d'une lieue; mais je fus plus de deux mois en sentinelle de cette manière sans faire la moindre découverte et sans voir la moindre barque, non seulement près du rivage, mais même dans tout l'océan.

Durant tout ce temps, je persistai dans mon projet avec la même ardeur, et je continuai à être dans la disposition nécessaire pour massacrer une trentaine de ces sauvages, afin de les punir d'un crime auquel je n'étais intéressé que par la chaleur d'un faux zèle.

La fatigue de tenter si long-temps en vain la même entreprise me fit raisonner enfin avec justesse sur l'action que j'allais commettre : Quelle autorité, dis-je, quelle vocation ai-je pour m'établir juge et bourreau de ces gens, à qui depuis plusieurs siècles le ciel a permis d'être les exécuteurs de sa justice les uns contre les autres? Quel droit ai-je de venger le sang qu'ils répandent tour à tour? Comment sais-je ce que la Divinité elle-même pense de cette action, qui me paraît si criminelle? Du moins est-il certain que ces peuples, en la commettant, ne pèchent point contre les lumières de leur conscience, et que, fort éloignés de la regarder comme un crime, ils n'ont pas la plus légère intention de braver la justice divine, comme nous faisons nous autres dans la plupart de nos péchés; ils ne se font pas une plus grande affaire de tuer un prisonnier et de le manger, que nous de tuer un bœuf ou de manger un mouton.

Il suivait de là que mon entreprise n'était rien

moins que légitime, et que ces sauvages ne devaient pas plus être regardés comme des meurtriers que les chrétiens, qui font passer sans quartier au fil de l'épée des troupes entières de leurs ennemis, quoiqu'ils aient mis bas les armes.

Ces considérations calmèrent ma fureur, et peu à peu je renonçai aux mesures que j'avais prises en concluant qu'elles étaient injustes, et qu'il fallait attendre, pour les exécuter, que les sauvages eussent commencé les hostilités.

Je pris cette résolution d'autant plus volontiers, que le premier parti, loin d'être un moyen de me conserver, tendait absolument à ma ruine: car c'était assez qu'un seul sauvage, échappé à mes mains, pût donner de mes nouvelles à tout son peuple, pour l'amener dans l'île afin de venger la mort de ses compatriotes; et je pouvais fort bien me passer d'une pareille visite.

Je conclus donc que la raison et la politique devaient me détourner également de me mêler des actions des sauvages, et que mon unique affaire était de me tenir à l'écart, et de ne pas faire soupçonner, par la moindre marque, qu'il y eût un être raisonnable dans l'île.

Cette prudence était soutenue par la religion, qui me défendait de tremper mes mains dans le sang innocent.

Je trouvais tant d'évidence dans toutes ces différentes réflexions, que j'eus une satisfaction inexprimable de n'avoir pas commis une action que la raison me dépeignit enfin comme aussi noire qu'un meurtre volontaire, et je rendis graces à genoux à Dieu d'avoir préservé mes mains du sang innocent, en le suppliant de me sauver par sa providence de celles des barbares, et de m'empêcher de rien tenter contre eux, sinon dans la nécessité d'une défense légitime.

Je restai pendant une année entière si éloigné de chercher le moyen d'attaquer les sauvages, que je ne daignai pas monter une seule fois sur la colline pour examiner s'ils avaient débarqué ou non, craignant toujours d'être tenté, par quelque occasion avantageuse, de renouveler mes desseins contre eux. Je ne fis qu'éloigner de là mon canot et le conduire au côté oriental de l'île, où je le plaçai dans une cavité que je trouvai sous des rochers élevés, et que les courants rendaient impraticable à ceux des sauvages.

Je vécus depuis ce temps-là plus retiré que jamais, ne sortant que pour m'acquitter de mes devoirs ordinaires; savoir, pour traire mes chèvres, et pour nourrir le petit troupeau que j'avais caché dans le bois, qui, étant tout-à-fait de l'autre côté de l'île, se trouvait entièrement hors d'insulte: car, selon toutes les apparences, les cannibales n'étaient pas d'humeur à abandonner jamais le rivage où ils avaient été souvent, aussi bien avant qu'après que j'eus pris toutes mes précautions. Lorsque j'y pensais, je réfléchissais avec horreur sur la situation où j'aurais été si je les eusse rencontrés quand, nu et désarmé, je n'avais pour ma défense qu'un seul fusil chargé de dragée. Je parcourais sans cesse dans ce temps-là toute mon île; quelle aurait été ma frayeur si, au lieu de voir un seul vestige, j'eusse trouvé une vingtaine de sauvages qui n'auraient pas manqué de me donner la chasse et de m'atteindre bientôt par la vitesse extraordinaire de leur course!

J'avoue que les inquiétudes et les dangers dans lesquels je passais ma vie m'avaient détourné entièrement du soin de mes commodités, et que je songeais plus à vivre qu'à vivre agréablement. Je ne me souciais plus de mettre quelque part un clou, ni d'affermir un morceau de bois, de crainte de faire du bruit; j'avais encore moins la hardiesse de tirer un coup de fusil, et c'était avec toute l'inquiétude possible que je me hasardais à allumer du feu, dont la fumée, visible à une grande distance, pouvait aisément me trahir. Je transportai les choses qui demandaient l'emploi du feu du côté de mon appartement dans le bois, où je trouvai enfin, après plusieurs allées et venues, et avec tout le ravissement imaginable, une cave naturelle d'une grande étendue, dont j'étais sûr que jamais sauvage n'avait vu l'ouverture, bien loin d'être assez hardi pour y pénétrer, ce que peu d'hommes eussent osé hasarder, à moins que d'avoir, comme moi, un besoin extrême d'une retraite assurée.

L'entrée de cette caverne était derrière un grand rocher, et je la découvris par hasard, ou, pour parler plus sagement, par un effet particulier de la Providence, en coupant quelques grosses branches d'arbre pour les brûler et pour en conserver le charbon.

Dès que j'eus trouvé cette ouverture derrière quelques broussailles épaisses, ma curiosité me porta à y entrer, ce que je fis avec peine. J'en trouvai le dedans suffisamment large pour m'y tenir debout ; mais j'avoue que j'en sortis avec plus de précipitation que je n'y étais entré, après que, portant mes regards plus loin dans cet antre obscur, j'y eus aperçu deux grands yeux brillants comme deux étoiles, sans savoir si c'étaient les yeux d'un homme ou d'un animal redoutable.

Après quelques moments de délibération, je revins à moi et je me reprochai ma faiblesse, moi qui vivais depuis vingt ans dans ce désert, et qui avais l'air plus effroyable peut-être que tout ce qu'il pouvait y avoir d'affreux dans la caverne. Je repris courage, et, me saisissant d'un tison enflammé, je rentrai dans l'antre d'une manière brusque; mais à peine eus-je fait trois pas en avant, que ma frayeur redoubla par un grand soupir que j'entendis, suivi d'un son semblable à des paroles mal articulées, et d'un autre soupir encore plus terrible. Une sueur froide couvrit mon corps, et, si j'avais eu un chapeau sur la tête, je crois que mes cheveux, à force de se dresser, l'auraient fait tomber à terre. Je fis cependant tous mes efforts pour dissiper ma crainte; et, avançant avec intrépidité, je découvris un vieux bouc, d'une grandeur extraordinaire, couché à terre et près de mourir de vieillesse.

Je le poussai un peu, afin d'essayer si je pourrais le faire sortir de là; il fit quelques efforts pour se lever sans y réussir. Je m'en mettais peu en peine, persuadé que, tant qu'il serait en vie, il ferait la même peur à tout sauvage assez hardi pour pénétrer dans cet antre.

Pleinement tranquillisé, je portai mes yeux de tous côtés, et je trouvai la caverne assez étroite et sans régularité; la nature seule y avait travaillé, sans aucun secours de l'industrie humaine. Je découvris dans l'enfoncement une seconde ouverture, mais si basse qu'il était impossible d'y entrer autrement qu'en se traînant sur les pieds et les mains, ce que je différai jusqu'à ce que je fusse muni d'une lumière. J'y revins le lendemain avec une provision de six grosses chandelles de graisse de chèvre, et, après avoir rampé par cette ouverture étroite l'espace de quinze pieds, je me vis beaucoup plus au large. Je me trouvai sous une voûte élevée à peu près de la hauteur de vingt pieds, et je puis protester que dans toute l'île il n'y avait rien de si beau et de si digne d'être visité que ce souterrain; la lumière des deux chandelles que j'avais allumées était réfléchie de plus de cent mille manières par les parois de la grotte. Je ne saurais dire ce qui leur donnait cet éclat; étaient-ce des cristaux, des pierres précieuses, ou de l'or?

C'était la plus charmante grotte qu'on puisse imaginer, quoique parfaitement obscure; le fond en était uni et sec, couvert d'un gravier fin; on n'y voyait aucune trace d'animal venimeux, aucune vapeur ne s'y faisait sentir, aucune humidité ne se manifestait sur les murailles.

Le seul désagrément, c'était la difficulté de l'entrée; mais ce désagrément même en faisait la sûreté. J'étais charmé de ma découverte, et je résolus d'abord de porter dans cette grotte tout ce dont la conservation m'importait le plus, surtout mes munitions et mes armes de réserve.

Ce dessein me donna occasion d'ouvrir le baril de poudre que j'avais sauvé de la mer. Je trouvai que l'eau y avait pénétré de tous côtés à peu près à la profondeur de trois ou quatre pouces, et que la poudre mouillée formait une espèce de croûte qui avait conservé le reste, comme une noix est conservée dans sa coque; il restait au centre du baril environ soixante livres de bonne poudre, que je portai dans ma grotte avec le plomb que j'avais encore, et je n'en gardai dans mon château que ce qui m'était nécessaire pour me défendre en cas de surprise.

Dans cette situation, je me comparais aux géants de l'antiquité qui habitaient des antres inaccessibles, persuadé que, lorsque les sauvages me donneraient la chasse, en quelque nombre qu'ils fussent, ils ne m'atteindraient pas, ou du moins n'oseraient m'attaquer de vive force dans ma nouvelle grotte.

Le vieux bouc mourut le jour d'après ma découverte, à l'entrée de la caverne, où je trouvai plus à propos de l'enterrer que de m'efforcer à tirer son cadavre dehors.

J'étais alors dans la vingt-troisième année de ma résidence dans cette île, et si accoutumé à ma manière d'y vivre que, sans la crainte des sauvages, j'aurais été en quelque sorte content d'y passer le reste de mes jours, et de mourir dans la grotte où j'avais donné la sépulture au pauvre animal. Je m'étais même ménagé de quoi m'amuser et me divertir, ressource qui m'avait manqué autrefois : j'avais enseigné à parler à mon perroquet, comme je l'ai dit auparavant; et il s'en acquittait si bien, que sa conversation fut un grand agrément pour moi pendant tout le temps que nous avons vécu ensemble. Mon chien me fut encore un agréable et fidèle compagnon pendant seize ans, après lesquels il mourut de vieillesse. Pour mes chats, ils s'étaient tellement multipliés, comme j'ai déja dit, que de peur qu'ils ne me dévorassent avec tout ce que je possédais, j'avais été obligé d'en tuer plusieurs à coups de fusil : je n'en avais gardé auprès de moi que deux ou trois favoris, dont j'avais grand soin de noyer les petits dès qu'ils venaient au monde. Le reste de ma maison consistait en deux chevreaux, que j'avais accoutumés à manger dans ma main, et deux autres perroquets qui jasaient assez bien pour prononcer *Robinson Crusoé,* mais qui étaient fort éloignés de la perfection de l'autre, pour lequel aussi j'avais pris beaucoup de peine. Je possédais encore quelques oiseaux de mer, dont j'ignorais les noms; je les avais attrapés sur le rivage, et leur avais coupé les ailes; ils habitaient et pondaient dans le jeune bois planté de mes mains, devant le retranchement de mon château, et ils contribuaient beaucoup à mon divertissement. J'étais content, encore un coup, pourvu que les sauvages ne vinssent pas troubler ma tranquillité.

Le ciel en avait ordonné autrement, et je

conseille à tous ceux qui liront mon histoire d'en tirer la réflexion suivante: Combien de fois n'arrive-t-il pas dans le cours de notre vie que le mal que nous évitons avec le plus grand soin, et qui nous paraît le plus terrible quand nous y sommes tombés, est pour ainsi dire la porte de notre délivrance et l'unique moyen de finir nos malheurs? Cette vérité a été surtout remarquable durant les dernières années de ma vie solitaire dans cette île, comme le lecteur le verra bientôt.

C'était au mois de décembre, temps ordinaire de ma moisson, qui m'obligeait à passer presque les jours entiers à la campagne, lorsque, sortant un peu avant le lever du soleil, je fus surpris par la vue d'une lumière sur le rivage, à une grande demi-lieue de moi. Elle ne s'offrait pas du côté où j'avais observé que les sauvages abordaient d'ordinaire, et je vis avec la plus vive douleur que c'était du côté de mon habitation.

La peur d'être surpris me fit entrer bien vite dans ma grotte, où j'avais beaucoup de peine à me croire en sûreté, parce que mon grain à moitié coupé pouvait découvrir aux sauvages que l'ile était habitée, et les porter à me chercher partout jusqu'à ce qu'ils m'eussent déterré.

Dans cette appréhension, je retournai vers mon habitation, et, ayant retiré mon échelle après moi, je me préparai à la défense : je chargeai tous mes pistolets et l'artillerie que j'avais placée dans mon nouveau retranchement, résolu de me battre jusqu'à mon dernier soupir; et dans cette posture j'attendis l'ennemi pendant deux heures, fort impatient de savoir ce qui se passait au dehors.

N'ayant personne pour aller à la découverte, et incapable de soutenir plus long-temps une si cruelle incertitude, je m'enhardis à monter sur le haut du rocher par le moyen de mes deux échelles, et, me mettant ventre à terre, je me servis de ma lunette d'approche pour reconnaître l'état des choses. Je vis d'abord neuf sauvages assis en rond autour d'un petit feu, non pour se chauffer, car il faisait une chaleur extrême, mais apparemment pour préparer quelques mets de chair humaine destinée à leurs horribles festins.

Ils avaient avec eux deux canots qu'ils avaient tirés sur le rivage ; et, comme c'était alors le temps du flux, ils paraissaient attendre le reflux pour s'en retourner, ce qui calma mon inquiétude : en effet, je conclus de là qu'ils venaient et s'en retournaient toujours de la même manière, et que je pouvais battre la campagne sans danger durant le reflux, pourvu que je n'eusse pas été découvert auparavant sur le rivage. Cette observation me fit continuer ma moisson dans la suite avec assez de tranquillité.

La chose arriva précisément comme je l'avais conjecturé; dès que la marée commença à porter du côté de l'occident, je les vis se jeter dans leurs barques et faire force de rames, après s'être divertis auparavant par des danses, par des postures et par des gesticulations bizarres. Quelque forte que fût mon attention à les examiner, ils m'avaient paru absolument nus, mais il me fut impossible de distinguer leur sexe.

Après qu'ils se furent éloignés, je sortis avec un fusil sur chaque épaule, deux pistolets à ma ceinture, mon large sabre à mon côté, et, avec tout l'empressement possible, je gagnai la colline d'où j'avais vu pour la première fois les marques des festins horribles de ces cannibales : là, j'aperçus qu'il y avait eu de ce côté trois autres canots qui étaient en mer aussi bien que les autres pour regagner le continent.

Descendu sur le rivage, je revis les horribles traces de leur brutale coutume, et j'en conçus tant d'indignation, que je résolus de nouveau de tomber sur la première troupe que je rencontrerais, quelque nombreuse qu'elle pût être.

Les visites qu'ils faisaient dans l'île devaient être fort rares, puisqu'il se passa plus de quinze mois avant que j'en revisse le moindre vestige. Je vécus pendant ce temps dans de cruelles appréhensions, dont je ne voyais aucun moyen de me délivrer.

J'étais néanmoins toujours dans mon humeur meurtrière, et j'employais presque toutes les heures du jour, dont j'aurais pu faire un meilleur usage, à dresser mon nouveau plan d'attaque, pour la première fois que j'en aurais l'occasion, surtout si leurs forces étaient divisées comme la dernière. Je ne considérais pas qu'en tuant tantôt quelques gens de leur parti, tantôt quelques autres, ce serait toujours à recommencer, et qu'à la fin je deviendrais un plus grand meurtrier que ceux-là même dont je voulais punir la barbarie.

Mes inquiétudes renouvelées par cette dernière rencontre répandaient beaucoup d'amertume sur ma vie; quand je me hasardais à sortir de ma retraite, c'était avec toute la précaution possible, et en tournant continuellement les yeux sur tous les objets dont j'étais environné. Quel bonheur pour moi d'avoir mis mon troupeau en sûreté, et d'être dispensé de faire feu sur les chèvres dans les bois! Il est vrai que le bruit aurait pu mettre en fuite un petit nombre de sauvages effrayés; mais je devais être convaincu qu'ils reviendraient avec plusieurs centaines de canots; et je savais ce que j'avais alors à craindre de leur inhumanité. Cependant je fus assez heureux our n'en plus voir jusqu'au mois de mai de la vingt-quatrième année de ma vie solitaire, dans lequel j'eus avec eux une rencontre surprenante.

Durant ces quinze mois, je passai les jours dans des pensées inquiètes, et les nuits j'avais des songes effrayants qui me réveillaient en sursaut: je rêvais que je tuais des sauvages, ou que je pesais les raisons qui m'autorisaient à ce carnage.

Vers le milieu du mois de mai (selon le poteau où je marquais chaque jour, et qui me servait de calendrier) il s'éleva une tempête horrible, accompagnée de tonnerre et d'éclairs. La nuit suivante ne fut pas moins épouvantable; et lorsque j'étais occupé à lire dans la Bible et à faire de sérieuses réflexions sur ma lecture, je fus surpris d'un bruit semblable à celui d'un coup de canon tiré en mer.

Cette surprise était bien différente de celles qui m'avaient saisi jusqu'alors; je me levai avec tout l'empressement possible, et en un instant je parvins au haut du rocher par le moyen de mes échelles. Dans le même moment une lumière me prépara à entendre un second coup de canon qui frappa mes oreilles une demi-minute après, et dont le son devait venir du côté de la mer où j'avais été emporté dans ma chaloupe par les courants.

Je jugeai d'abord que ce devait être un vaisseau en péril, qui, par ses signaux, demandait du secours à quelque autre bâtiment qui allait avec lui de conserve. Je songeai, d'après cette circonstance, que si j'étais incapable de lui donner du secours, il pourrait peut-être m'en donner, et dans cette vue, je ramassai tout le bois sec qui était aux environs, j'en fis un feu au haut de la colline; quoique le vent fût violent, il ne laissa pas de s'enflammer à merveille, et j'étais sûr qu'il devait être aperçu par ceux du vaisseau, si mes conjectures là-dessus étaient justes. Ils le virent sans doute; car, à peine mon feu était-il dans toute sa force, que j'entendis un troisième coup de canon, suivi de plusieurs autres, venant tous du même endroit. J'entretins mon feu toute la nuit; et quand il fit jour et que le ciel se fut éclairci, je vis quelque chose à une grande distance, à l'est de l'île, sans pouvoir le distinguer même avec mes lunettes.

J'y fixai mes yeux constamment pendant toute la matinée; et comme je voyais l'objet dans le même lieu, je crus enfin que c'était un vaisseau à l'ancre. Je pris mon fusil, et je m'avançai à grands pas du côté de la partie méridionale de l'île, où les courants m'avaient porté autrefois au pied de quelques rochers; je montai sur le plus haut de tous, et le temps étant alors serein, je vis, à mon grand regret, le corps d'un vaisseau qui s'était brisé dans la nuit sur les rocs cachés que j'avais trouvés quand je mis en mer avec ma chaloupe, et qui, résistant à la violence de la marée, faisaient une espèce de contre-marée, par laquelle j'avais été délivré d'un des plus grands dangers que j'eusse courus de ma vie.

C'est ainsi que ce qui sauve l'un perd l'autre; car il semble que ces gens n'ayant aucune connaissance de ces rochers, entièrement cachés sous l'eau, y avaient été portés pendant la nuit par un vent qui était tantôt est, et tantôt estnord-est. S'ils avaient découvert l'île, ce qu'apparemment ils ne firent point, ils auraient sans doute tâché de se sauver à terre dans leur chaloupe. Les coups de canon qu'ils avaient tirés en voyant mon feu firent naître un grand nombre de différentes pensées dans mon imagination : tantôt je croyais qu'apercevant cette lumière ils s'étaient mis dans leur chaloupe pour gagner le rivage, mais que les flots, extrêmement agités, les avaient emportés ; tantôt je m'imaginais qu'ils avaient commencé par perdre leur chaloupe, ce qui arrive souvent quand les vagues, entrant dans le vaisseau, forcent les matelots à mettre la chaloupe en pièces, ou à la jeter dans la mer. D'autres fois je trouvais vraisemblable que les vaisseaux qui allaient avec celui-ci de conserve, avertis par ses signaux, en avaient sauvé l'équipage. Dans d'autres moments, je pensais qu'ils étaient entrés dans la chaloupe tous ensemble, et que les courants les avaient emportés sur le vaste Océan, où il n'y avait point de salut à attendre pour eux, et où ils mourraient peut-être de faim, à moins que de se manger les uns les autres.

Tout cela n'était que conjectures ; et dans l'état où je me trouvais, je ne pouvais que jeter un regard de pitié sur la misère de ces pauvres gens, dont je tirai, par rapport à moi, cet avantage, que j'en devins de plus en plus reconnaissant envers Dieu, qui m'avait donné tant de consolations dans ma situation déplorable, et qui, des deux équipages perdus sur ces côtes, avait trouvé bon de sauver ma vie seule. J'appris par là à remarquer de nouveau qu'il n'y a pas d'état si bas, point de misère si grande, où l'on ne trouve quelque sujet de reconnaissance, en voyant au-dessous de soi des situations encore plus déplorables.

Telle était la condition de ce malheureux équipage, dont la conservation me semblait hors de toute vraisemblance, à moins qu'il ne fût sauvé par quelque autre bâtiment. Mais ce n'était là tout au plus qu'une possibilité, dépourvue, par rapport à moi, de toute certitude.

Je ne trouve point de paroles assez énergiques pour exprimer le désir que j'avais d'en voir au moins un seul homme sauvé, afin de trouver un compagnon unique, du commerce duquel je pusse jouir dans ma solitude : je n'avais jamais tant langui après la société des hommes, ni senti si vivement le malheur d'en être privé. Il y a dans nos passions certaines sources secrètes, qui, vivifiées, pour ainsi dire, par des objets absents réellement, mais présents à l'imagination, se portent vers cet objet avec tant de force, que l'absence en devient la chose du monde la plus insupportable.

Mes souhaits pour la conservation d'un seul de ces hommes étaient de cette nature. Je répétai mille fois de suite : Plût à Dieu qu'un seul fût sauvé! et, en prononçant ces mots, mes sensations étaient si vives, que mes mains se joignaient avec une force excessive, et mes dents se serraient tellement dans ma bouche, que je fus un temps considérable avant de les pouvoir séparer. Que les naturalistes expliquent de pareils phénomènes ; pour moi je me contente d'exposer le fait dont j'ai été surpris moi-même, et qui était sans doute causé par les idées qui représentaient vivement à mon imagination, comme réelle et présente, la consolation que j'aurais tirée du commerce de quelque chrétien.

Mais ce n'était pas là le sort de ces malheureux ni le mien; car jusqu'à la dernière année de mon séjour dans cette île, j'ai ignoré si quelqu'un s'était sauvé de ce naufrage. Quelques jours après, j'eus seulement la douleur de voir sur le sable le cadavre d'un mousse noyé. Il avait pour habillement une veste de matelot, une mauvaise paire de culottes et une chemise de toile blanche, de manière qu'il m'était impossible de deviner de quelle nation il pouvait être; tout ce qui se trouva dans ses poches consistait en deux pièces de huit, et une pipe, infiniment plus précieuse pour moi que l'argent.

La mer était devenue calme, et j'avais grande envie de visiter le vaisseau, moins dans l'espérance d'y trouver quelque chose d'utile que pour voir s'il n'y avait pas quelque créature vivante dont je pusse sauver la vie, et rendre par là la mienne beaucoup plus agréable. Cette pensée faisait une si forte impression sur moi, que je n'eus de repos ni jour ni nuit que mon dessein ne fût exécuté.

Je préparai donc tout pour mon voyage. Je pris une bonne quantité de pain, un pot rempli d'eau fraîche, une bouteille de rum, dont j'étais encore suffisamment pourvu, et un panier plein de raisins secs. Chargé de ces provisions, je descendis vers ma chaloupe, je la nettoyai, je la mis à flot, et j'y portai toute ma cargaison; ensuite je retournai pour chercher le reste de ce qui m'était nécessaire, savoir : du riz, un parasol, deux douzaines de mes gâteaux, un fromage, et un pot de lait de chèvre. Mon petit bâtiment ainsi chargé, je priai Dieu de bénir mon voyage, et, rasant le rivage, je vins à la dernière pointe de l'île du côté du nord-est, d'où il fallait entrer dans l'Océan, si j'étais assez hardi pour poursuivre mon entreprise. Je regardai avec beaucoup de frayeur les courants qui avaient autrefois failli me faire périr; et ce souvenir ne pouvait que me décourager, car si j'avais le malheur d'y donner, ils m'emporteraient certainement bien avant dans la mer, hors de la vue de mon île ; et si un vent un peu fort se levait, c'était fait de moi.

J'en fus effrayé au point que je commençai à abandonner ma résolution ; ayant tiré ma chaloupe dans une petite sinuosité du rivage, je me mis sur un petit tertre, flottant entre la crainte et le désir d'achever mon voyage; j'y restai aussi long-temps que je vis que la marée changeait, et que le flux commençait à venir, ce qui rendait mon dessein impraticable pendant quelques heures. Ensuite il me passa par l'esprit de monter sur la dune la plus élevée, pour observer quelle route prenaient les courants pendant le flux, afin de juger si, emporté par un des courants en me mettant en mer, il n'y en avait pas un autre qui pût me ramener avec la même rapidité. Je trouvai bientôt une hauteur d'où l'on pouvait observer la mer de côté et d'autre, et de là je vis clairement que, comme le courant du reflux sortait du côté de la pointe méridionale de l'île, ainsi le courant du flux rentrait du côté nord, et qu'il était propre à me reconduire chez moi.

Enhardi par cette observation, je résolus de sortir le lendemain avec le commencement de la marée, et je le fis après avoir reposé la nuit dans ma barque. Je dirigeai d'abord ma course vers le nord, jusqu'à ce que je commençai à sentir la faveur du courant qui m'emporta bien en avant du côté de l'est, sans me maîtriser assez néanmoins pour m'ôter toute la direction de mon bâtiment qui avait un bon gouvernail, et que j'aidais encore par ma rame; de cette manière j'allai droit vers le vaisseau, et j'y arrivai en moins de deux heures.

C'était un bien triste spectacle : le vaisseau, qui paraissait espagnol par sa structure, était comme cloué entre deux rocs; la poupe et une partie du corps du bâtiment étaient fracassées par la mer; et comme la proue avait donné contre les rochers avec une extrême violence, le grand mât et le mât d'artimon s'étaient brisés, mais le beaupré était resté en bon état, et paraissait ferme vers la pointe de l'éperon.

Lorsque j'en fus tout près, un chien parut sur le tillac; me voyant venir, il se mit à aboyer. Je l'appelai, il sauta dans la mer, et je l'aidai à entrer dans ma barque; il était à moitié mort de faim et de soif, je lui donnai un morceau de pain, qu'il engloutit comme un loup qui aurait langui pendant quinze jours dans la neige; je lui fis boire ensuite de l'eau fraîche, et si je l'avais laissé faire, il se serait crevé.

Un spectacle bien touchant s'offrit à mes yeux dans le vaisseau : ce fut celui de deux hommes noyés, qui se tenaient embrassés l'un l'autre dans la chambre de proue. Il est probable que, lorsque le bâtiment toucha, la mer y était entrée si abondamment et avec tant de violence, que ces pauvres gens en avaient été étouffés de même que s'ils eussent été continuellement sous l'eau. Excepté le chien, il n'y avait rien de vivant dans tout le bâtiment.

Presque toute la cargaison me parut détériorée par l'eau; je vis pourtant quelques tonneaux remplis apparemment de vin ou d'eau-de-vie, mais ils étaient trop gros pour que je pusse en tirer le moindre usage. Il y avait encore plusieurs coffres, j'en mis deux dans ma chaloupe, sans examiner ce qu'ils contenaient. Je jugeai ensuite par ce que j'y trouvai que le vaisseau devait être richement chargé ; et, si je puis tirer quelques conjectures par le cours qu'il prenait, il y a toute apparence qu'il était destiné pour Buenos-Ayres, ou bien pour Rio de la Plata, de là pour la Havane, et ensuite pour l'Espagne.

Outre ces deux coffres, je trouvai un petit tonneau qui pouvait contenir environ vingt pots, et je le mis dans ma chaloupe avec bien de la peine. J'aperçus dans une des chambres plusieurs fusils et un grand cornet à poudre, où il y en avait à peu près quatre livres ; je m'en saisis, mais je laissai là les armes, parce que j'en avais suffisamment. Je m'appropriai encore une pelle à feu et des pincettes, dont j'avais un extrême besoin ; deux chaudrons de cuivre, un gril, et une chocolatière. Je m'en retournai avec cette charge et avec le chien, voyant venir la marée, qui devait me ramener chez moi ; et, le même soir, je revins à l'île extrêmement fatigué de ma course.

Après avoir reposé cette nuit dans la chaloupe, je résolus de porter mes nouvelles acquisitions dans ma grotte, plutôt que dans mon château ; mais je trouvai bon d'en faire auparavant l'examen. Le petit tonneau était rempli d'une espèce de rum qui n'avait point la bonté de celui qu'on trouve dans le Brésil. Pour les deux coffres, ils étaient pleins de plusieurs choses d'un grand usage pour moi : j'y trouvai un cabaret rempli de liqueurs cordiales excellentes ; elles étaient dans des bouteilles ornées d'argent, et qui contenaient chacune trois pintes. J'y vis encore deux pots de confitures si bien fermés que l'eau n'avait pu y pénétrer, et deux autres qui étaient gâtés par l'eau de mer : il y avait de plus de fort bonnes chemises, quelques cravates de différentes couleurs, une demi-douzaine de mouchoirs de toile blanche qui me servirent à essuyer mon visage dans les grandes chaleurs : toute cette trouvaille m'était extraordinairement agréable.

Au fond du coffre, je trouvai trois grands sacs de pièces de huit, au nombre à peu près de onze cents, outre un petit papier qui renfermait six doubles pistoles, et quelques petits joyaux d'or qui pouvaient peser ensemble environ une livre. Je trouvai dans le second coffre une cinquantaine de pièces de huit, mais point d'or, d'où je pouvais inférer qu'il avait appartenu à un plus pauvre maître que celui du premier, qui était sans doute quelque officier d'un grade assez élevé.

Dans l'autre coffre, il y avait quelques habits, mais de peu de valeur; et trois flacons pleins d'une poudre à tirer très-fine, destinée apparemment pour en charger les fusils de chasse. Au total, je tirai peu de fruit de ce voyage; l'argent m'était de nulle valeur, et j'aurais donné tout ce que j'en avais trouvé pour trois ou quatre paires de bas ou de souliers; j'en avais grand besoin, car depuis nombre d'années j'avais été obligé de m'en passer. Il est vrai que je m'appropriai deux paires de souliers des pauvres matelots que j'avais trouvés noyés dans le vaisseau, mais ils ne valaient pas les souliers anglais, ni pour la commodité ni pour le service.

Je ne laissai pas de porter tout cet argent dans ma grotte, auprès de celui que j'avais sauvé de notre vaisseau. Je regrettai vivement de n'avoir pu pénétrer dans le fond du bâtiment, car j'en aurais pu tirer de quoi charger plus d'une fois ma chaloupe, et j'aurais amassé un trésor considérable, qui aurait été en sûreté dans ma grotte, et que j'aurais pu aisément faire parvenir dans ma patrie, si la bonté du ciel permettait un jour que je sortisse enfin de l'île : tant il est vrai que, même dans les positions de la vie où l'or est le moins nécessaire, il suffit d'être à portée d'en acquérir beaucoup, pour désirer d'en posséder une grande quantité! Ce penchant se manifeste surtout chez l'homme riche, corrompu par une civilisation trop avancée, et qui s'adonne avec fureur à la vile passion du jeu.

Après avoir mis mes acquisitions en lieu sûr, je replaçai ma barque dans sa rade ordinaire, et je m'en revins à ma demeure, où je trouvai tout dans l'état où je l'avais laissé. Je me remis à vivre à ma manière accoutumée et à m'appliquer à mes affaires domestiques. Pendant quelque temps je jouis d'un assez grand repos, excepté que j'étais toujours sur mes gardes et que je sortais rarement, encore ne le faisais-je jamais qu'avec beaucoup d'inquiétude, à moins que je ne tournasse mes pas du côté de l'ouest, où j'étais sûr que les sauvages ne venaient jamais, ce qui me dispensait de me charger de ce fardeau d'armes qui m'accablait toujours dans mes autres promenades.

Je vécus ainsi deux ans de suite passablement heureux, si mon esprit, qui paraissait être fait pour rendre mon corps misérable, ne s'était rempli de mille projets pour sortir de l'île. Quelquefois je voulais faire une seconde visite au vaisseau échoué, où je ne devais plus m'attendre à rien trouver qui valût la peine du voyage : tantôt je songeais à m'échapper d'un côté ou d'un autre, et je crois fermement que si j'avais eu en ma possession la chaloupe avec laquelle j'avais quitté Salé, je me serais mis en mer à tout hasard.

Il est naturel de penser que mes songes durent rouler sur un sujet analogue à mes réflexions. Je rêvai en effet que, quittant un matin mon château à mon ordinaire, je voyais près du rivage deux canots d'où sortaient onze sauvages avec un prisonnier destiné à leur servir de nourriture. Ce malheureux, dans le moment qu'il allait être tué, s'échappe, se met à courir de mon côté dans le dessein de se cacher dans le bocage épais qui couvrait mon retranchement; le voyant seul, sans que personne le poursuivît, je me découvre, et, le regardant d'un visage riant, je l'encourage, je l'aide à monter mon échelle, et je l'introduis ainsi dans mon habitation. J'étais charmé de cette rencontre, persuadé que j'avais trouvé un homme capable de me servir de pilote dans mon entreprise, et de me donner les conseils nécessaires pour éviter toutes sortes de dangers.

Tel est le songe qui, pendant qu'il dura, me remplit d'une joie inexprimable, mais qui fut suivi d'une douleur extravagante dès que je fus éveillé.

J'en inférai pourtant que le seul moyen d'exécuter mon dessein avec succès était d'attraper quelque sauvage, et surtout, s'il était possible, quelque prisonnier qui me sût gré de sa délivrance; mais j'y voyais cette terrible difficulté, que pour réussir il fallait absolument massacrer une caravane entière, entreprise désespérée qui pouvait manquer très-facilement. D'un autre côté je frémissais en songeant aux raisons dont j'ai déja parlé, et qui me faisaient regarder cette action comme extrêmement criminelle. Il est vrai que j'avais dans l'esprit d'autres raisons qui plaidaient pour l'innocence de mon projet; savoir, que ces sauvages étaient réellement mes ennemis, puisqu'il était certain qu'ils me dévoreraient dès que cela leur serait possible; que par conséquent les attaquer c'était réellement travailler à ma propre conservation sans sortir des bornes d'une défense légitime, d'autant plus qu'il n'y avait pas d'autre moyen de me délivrer d'une manière de vivre qu'on pouvait appeler une espèce de mort. Néanmoins ces arguments ne me tranquillisaient pas, et j'avais de la peine à me familiariser avec la résolution de me procurer ma délivrance au prix de tant de sang.

Après plusieurs délibérations inquiètes, après avoir pesé long-temps le pour et le contre, ma passion prévalut sur mon humanité, et je me déterminai à faire tout ce qui m'était possible pour m'emparer d'un de ces sauvages, à quelque prix que ce fût. La question était de quelle manière je pouvais réussir ; mais, comme je ne pouvais prendre là-dessus des mesures plausibles d'avance, je résolus seulement de me mettre en sentinelle pour découvrir mes ennemis quand ils débarqueraient, et de former alors mon plan conformément aux circonstances qui s'offriraient à mes yeux.

Dans cette vue je ne manquai pas un jour d'aller reconnaître le terrain ; mais je ne découvris rien durant l'espace de dix-huit mois, quoique pendant tout ce temps j'allasse sans relâche sur les parties du rivage les plus fréquentées par les sauvages. La fatigue que me donnaient ces sorties inutiles, bien loin de me dégoûter comme autrefois de mon entreprise et d'émousser ma passion, ne fit que l'enflammer davantage ; je souhaitais aussi ardemment de rencontrer les cannibales que j'avais autrefois désiré de les éviter.

J'avais même alors tant de confiance en moi-même, que je me faisais fort de m'assurer assez bien de trois de ces sauvages, pour me les assujettir entièrement, et pour leur ôter tout moyen de me nuire : je me complaisais dans cette idée avantageuse de mon savoir-faire, et rien ne me manquait, selon moi, que l'occasion de l'employer.

Elle parut à la fin se présenter : un matin je distinguai sur le rivage jusqu'à six canots dont les sauvages étaient à terre, et hors de la portée de ma vue. Je savais qu'ils venaient d'ordinaire au moins cinq ou six dans chaque barque, par conséquent leur nombre dérangeait toutes mes mesures. Quelle possibilité pour un seul homme d'en venir aux mains avec une trentaine? Cependant, après avoir été dans l'irrésolution pendant quelques moments, je préparai tout pour le combat. J'écoutai attentivement si j'entendais quelque bruit; ensuite, laissant mes deux fusils au pied de mon échelle, je me plaçai de manière que ma tête n'en dépassait pas le sommet. De là j'aperçus, par le moyen de mes lunettes, qu'ils étaient trente au moins, qu'ils avaient allumé du feu pour préparer leur festin, et qu'ils dansaient alentour avec mille postures et mille gesticulations bizarres, selon la coutume du pays.

Un moment après, je les vis tirer d'une

barque deux misérables pour les mettre en pièces. Un des deux tomba bientôt à terre, assommé, à ce que je crois, d'un coup de massue ou de sabre de bois; sans délai, deux ou trois de ces bourreaux se jetèrent dessus, lui ouvrirent le corps, et en préparèrent les morceaux pour leur infernale cuisine, tandis que l'autre victime se tenait près de là, attendant que ce fût son tour d'être immolée. Ce malheureux se trouvant alors un peu en liberté, la nature lui inspira quelque espérance de se sauver, et il se mit à courir avec toute la vitesse imaginable, directement de mon côté, je veux dire du côté du rivage qui menait à mon habitation.

J'avoue que je fus terriblement effrayé en le voyant prendre ce chemin, surtout parce que je m'imaginais qu'il allait être poursuivi par toute la troupe. Je restai néanmoins dans le même endroit, et j'eus bientôt lieu de me rassurer en voyant que trois hommes seulement le poursuivaient, et qu'il gagnait considérablement de terrain sur eux, de manière qu'il devait leur échapper indubitablement s'il soutenait cette course pendant une demi-heure.

Il y avait au rivage, entre lui et mon château, une petite baie où il devait être arrêté nécessairement, à moins qu'il ne la passât à la nage; mais, quand il fut arrivé là, il ne s'en mit pas fort en peine, et, quoique la marée fût haute, il s'y jeta à corps perdu, gagna l'autre bord en une trentaine d'élans tout au plus; ensuite il se remit à courir avec la même vitesse qu'auparavant. Quand ses trois ennemis arrivèrent dans le même endroit, je remarquai qu'il n'y en avait que deux qui sussent nager, et que le troisième, après s'être arrêté un instant sur le bord, s'en retourna à petits pas vers le lieu du festin; ce qui n'était pas un léger bonheur pour celui qui fuyait. J'observai encore que les deux qui nageaient mettaient à passer cette eau le double du temps que leur prisonnier y avait employé.

Je fus alors pleinement convaincu que l'occasion était favorable pour m'acquérir un compagnon, et que j'étais appelé évidemment par le ciel à sauver la vie de ce pauvre malheureux.

Dans cette persuasion, je descendis précipitamment du rocher pour prendre mes fusils, et, remontant avec la même ardeur, je m'avançai vers la mer: je n'avais pas grand chemin à faire, et bientôt je me jetai entre les poursuivants et le poursuivi, en tâchant de lui faire entendre par mes cris de s'arrêter. Je lui fis encore signe de la main; mais je crois qu'au commencement il avait tout aussi peur de moi que de ceux auxquels il tâchait d'échapper. J'avançai cependant vers eux à pas lents, et ensuite me jetant brusquement sur le premier, je l'assommai d'un coup de crosse; j'aimais mieux m'en défaire de cette manière que de faire feu sur lui, de peur d'être entendu des autres, quoique la chose fut fort difficile à une si grande distance; il eût d'ailleurs été impossible aux sauvages de savoir ce que signifiait ce bruit inconnu.

Le second, voyant tomber son camarade, s'arrête tout court comme effrayé: je continue d'aller droit à lui; mais, en approchant, je le vois armé d'un arc auquel il ajuste une flèche, ce qui m'oblige à le prévenir, et je le jette à terre raide mort du premier coup. Pour le pauvre fuyard, quoiqu'il vît ses deux ennemis hors de combat, il était si épouvanté du feu et du bruit, qu'il s'arrêta tout-à-coup sans sortir du même endroit, et je vis dans son air troublé plus d'envie de s'enfuir que d'approcher. Je lui fais encore signe de venir à moi; il fait quelques pas, puis il s'arrête encore, et continue ce même manége pendant quelques moments : il s'imaginait sans doute qu'il était devenu prisonnier une seconde fois, et qu'il allait être tué comme ses deux ennemis. Enfin, après que je lui eus fait signe d'approcher pour la troisième fois de la manière la plus propre à le rassurer, il s'y hasarda en se mettant à genoux à chaque dix ou douze pas, pour me témoigner son obéissance. Pendant tout ce temps, je lui souriais aussi gracieusement qu'il m'était possible. Enfin, étant arrivé près de moi, il se jette à mes genoux, il baise la terre, il prend un de mes pieds et le pose sur sa tête, pour me faire comprendre sans doute qu'il me jurait fidélité, et qu'il me rendait hommage en qualité d'esclave. Je le relevai en lui faisant des caresses pour l'encourager de plus en plus; mais l'affaire n'était pas encore finie : je vis bientôt que le sauvage que j'avais fait tomber d'un coup de crosse n'était pas mort, et qu'il n'avait été qu'étourdi; je le fis remarquer à mon prisonnier, qui là-dessus prononça quelques mots que je n'entendis pas, mais qui ne laissèrent pas de me charmer, car c'était le premier son d'une voix humaine qui eût frappé mes oreilles depuis vingt-cinq ans.

Il n'était pas temps encore de m'abandonner à ce plaisir : le sauvage avait déja repris assez de forces pour se mettre sur son séant, et la frayeur s'empara de mon captif; néanmoins, dès qu'il me vit faire mine de lâcher mon second coup de fusil sur ce malheureux, il me fit entendre par signes qu'il souhaitait m'emprunter mon sabre, ce que je lui accordai. A peine s'en est-il saisi, qu'il se jette sur son ennemi, et lui tranche la tête d'un seul coup, aussi vite et aussi adroitement que pourrait le faire le plus habile bourreau de toute l'Allemagne. C'était pourtant la première fois de sa vie qu'il voyait une épée, à moins qu'on ne veuille donner ce nom aux sabres de bois qui sont les armes ordinaires de ces peuples. Cependant j'ai appris dans la suite que ces sabres sont d'un bois si dur et si pesant, et qu'ils savent si bien les affiler, que d'un seul coup ils font voler une tête de dessus les épaules.

Après avoir fait cette expédition, il revint à moi en sautant et en faisant des éclats de rire pour célébrer son triomphe; puis, avec mille gestes dont j'ignorais le sens, il mit mon sabre à mes pieds avec la tête du sauvage. Ce qui l'embarrassa extraordinairement, c'était la manière dont j'avais tué l'autre à une si grande distance, et, me le montrant, il me demanda par signes la permission de le voir de près. Arrivé tout proche, sa surprise augmente; il le regarde, le retourne tantôt d'un côté, tantôt de l'autre; il examine la blessure que la balle avait faite justement dans la poitrine, et qui n'avait pas saigné beaucoup. Après l'avoir long-temps considéré, il revint à moi avec l'arc et les flèches du mort; et moi, résolu de m'en aller, je lui ordonnai de me suivre, en lui faisant entendre que je craignais que les sauvages ne fussent bientôt suivis d'un plus grand nombre.

Il me fit signe ensuite qu'il allait enterrer les cadavres, de peur qu'ils ne nous fissent découvrir; je le lui permis, et en un instant il eut creusé deux trous dans le sable, où il les plaça l'un et l'autre. Cette précaution prise, je l'emmenai avec moi, non dans mon château, mais dans la grotte que j'avais plus avant dans l'île; ce qui démentit mon songe, qui avait assigné mon bocage pour asile à mon esclave.

Arrivé dans ma grotte, je lui donnai du pain, une grappe de raisins secs, et de l'eau dont il avait surtout grand besoin, étant fort altéré par la fatigue d'une si longue et si rude course. Je lui fis signe d'aller dormir, en lui montrant un tas de paille de riz avec une couverture qui me servait de lit assez souvent à moi-même.

C'était un grand garçon bien découplé, de vingt-cinq ans à peu près; il était parfaitement bien fait : tous ses membres, sans être fort gros, annonçaient un homme adroit et robuste; son air mâle ne présentait aucun mélange de férocité : au contraire, on voyait dans ses traits, surtout quand il souriait, cette douceur et cet agrément qui sont particuliers aux Européens. Il n'avait pas les cheveux semblables à de la laine frisée ; ils étaient longs et noirs. Son front était grand et élevé, ses yeux brillants et pleins de feu. Son teint n'était pas noir, mais fort basané, sans avoir rien de cette désagréable couleur tannée des habitants du Brésil et de la Virginie ; il approchait plutôt d'une légère couleur d'olive dont il n'est pas aisé de donner une idée juste, mais qui me paraissait avoir quelque chose de fort agréable. Il avait le visage rond et le nez bien fait, la bouche belle et les lèvres minces, les dents bien rangées et blanches comme de l'ivoire.

Après avoir plutôt sommeillé que dormi pendant une demi-heure, il se réveilla et sortit de la grotte pour me rejoindre ; j'avais été traire mes chèvres, qui étaient dans l'enclos tout près de là. Il vient à moi en courant ; il se jette à mes pieds avec toutes les marques d'une ame véritablement reconnaissante ; il me renouvelle la cérémonie de me jurer fidélité en posant mon pied sur sa tête; en un mot, il fait tous les gestes imaginables pour m'exprimer son désir de s'assujettir à moi pour toujours. J'entendais la plupart de ses signes, et je fis de mon mieux pour lui faire connaître que j'étais content de lui. Je commençai de suite à lui parler, et il apprit à me parler à son tour; je lui enseignai d'abord qu'il s'appellerait *Vendredi*, nom que je lui donnai en mémoire du jour auquel il était tombé en mon pouvoir. Je lui appris encore à me nommer son *maître*, et à dire *oui* et *non*. Je lui donnai ensuite du lait dans un pot de terre : j'en bus le premier et j'y trempai mon pain; m'ayant imité, il me fit signe qu'il le trouvait bon.

Je restai avec lui toute la nuit suivante dans la grotte; mais, dès que le jour parut, je lui fis comprendre de me suivre, et que je lui donnerais des habits, car il était absolument nu. En passant par l'endroit où il avait enterré les deux sauvages, il me le montra, ainsi que des marques qu'il avait laissées pour le reconnaître, en me faisant signe qu'il fallait déterrer ces corps et les manger. Je me donnai là - dessus l'air d'un homme fort en colère; je lui exprimai l'horreur que j'avais d'une pareille pensée en faisant comme si j'allais vomir, et je lui ordonnai de s'écarter de ces cadavres, ce qu'il fit dans le moment avec beaucoup de soumission. Je le menai ensuite avec moi au haut de la colline, pour voir si les ennemis étaient partis, et en me servant de ma lunette je ne découvris que la place où ils avaient été, sans apercevoir ni eux ni leurs bâtiments, marque certaine qu'ils s'étaient rembarqués.

Je n'étais pas encore entièrement satisfait de cette découverte, et me trouvant à présent plus de courage, et par conséquent plus de curiosité, je pris mon esclave avec moi, armé de mon épée, et l'arc avec les flèches sur le dos; je lui fis porter un de mes mousquets, j'en gardai deux moi-même, et de cette manière nous marchâmes vers le lieu du festin.

En y arrivant, mon sang se glaça par l'horreur du spectacle qui ne fit pas le même effet sur Vendredi : la place était couverte d'ossements et de chairs à moitié mangées, en un mot de toutes les marques du repas de triomphe par lequel les sauvages avaient célébré leur victoire sur leurs ennemis. Je vis à terre trois crânes, cinq mains, les os de deux ou trois jambes et autant de pieds; et Vendredi me fit entendre par ses signes qu'ils avaient emmené avec eux quatre prisonniers, qu'ils en avaient mangé trois, lui-même étant le quatrième; qu'il y avait eu une grande bataille entre eux et sa nation, et qu'on avait fait de part et d'autre beaucoup de prisonniers, tous destinés au sort qu'avaient subi ceux dont je voyais les restes.

Je les fis ramasser en un monceau par mon esclave, et réduire en cendres au moyen d'un grand brasier dont il les entoura. Je voyais bien que son estomac était avide de cette chair, et que dans le cœur il était encore un vrai cannibale; mais je lui témoignai tant d'horreur pour un appétit si dénaturé, qu'il n'osait pas le découvrir, de crainte que je ne le tuasse.

Cette opération terminée, nous nous en retournâmes dans mon château, où je me mis à travailler aux habits de Vendredi. Je lui donnai d'abord une culotte de toile que j'avais trouvée dans le coffre d'un des matelots, et qui lui alla passablement bien. J'y ajoutai une veste de peau de chèvre; et, comme j'étais devenu tailleur dans les formes, je lui fis encore un bonnet de la peau d'un lièvre, dont la façon n'était pas trop mauvaise. Il était charmé de se voir presque aussi brave que son maître, quoique d'abord il eût l'air fort grotesque dans ces habillements, auxquels il n'était pas accoutumé. Sa culotte l'incommodait fort, et les manches de la veste le gênaient aux épaules et sous les bras; mais tout cela s'élargit peu à peu dans les endroits nécessaires, et commença bientôt à lui devenir familier.

Le jour d'après je me mis à délibérer où je logerais mon domestique d'une manière commode pour lui sans que j'eusse rien à craindre pour moi, s'il était assez ingrat pour attenter à ma vie. Je ne trouvai rien de plus convenable que de lui faire une hutte entre mes deux retranchements, et je pris toutes les précautions nécessaires pour l'empêcher de venir dans mon château malgré moi; de plus, je résolus d'emporter, chaque nuit, dans ma demeure, tout ce que j'avais d'armes en ma possession.

Heureusement toutes ces précautions n'étaient pas fort nécessaires : jamais homme n'eut un serviteur plus fidèle, plus rempli de candeur et d'amour pour son maître ; il s'attachait à moi avec une tendresse véritablement filiale ; il était sans fantaisies, sans opiniâtreté, incapable d'emportement, et en toute occasion il aurait sacrifié sa vie pour sauver la mienne. Il m'en donna, en peu de temps, un si grand nombre de preuves, qu'il me fut impossible de douter de son bon cœur et de l'inutilité de ma défiance à son égard.

Enfin j'étais charmé de mon nouveau compagnon ; je me faisais une affaire sérieuse de l'instruire et de lui enseigner à parler, et je le trouvai le meilleur écolier du monde. Il était si gai, si ravi quand il pouvait m'entendre, ou faire en sorte que je l'entendisse, qu'il me communiquait sa joie, et me faisait trouver un plaisir piquant dans nos conversations. Mes jours s'écoulaient alors dans une douce tranquillité, et pourvu que les sauvages me laissassent en paix, je consentais volontiers à finir ma vie dans ces lieux.

Trois ou quatre jours après que j'eus commencé à vivre avec Vendredi, je résolus de le détourner de son appétit cannibale en lui faisant goûter de mes viandes. Je le conduisis un matin dans le bois, où j'avais dessein de tuer un de mes chevreaux pour l'en régaler; en y entrant je découvris une chèvre couchée à l'ombre, et accompagnée de deux de ses petits : j'arrêtai Vendredi en lui faisant signe de ne point remuer, et en même temps je fis feu sur un des chevreaux, et le tuai. Le pauvre sauvage, qui m'avait vu terrasser de loin un de ses ennemis, sans savoir comment j'y étais parvenu, effrayé de nouveau, tremblait comme la feuille; sans tourner les yeux du côté du chevreau, pour voir si je l'avais tué ou non, il ne songea qu'à ouvrir sa veste pour examiner s'il n'était pas blessé lui-même. Il croyait sans doute que j'avais résolu de me défaire de sa personne, car il vint se mettre à genoux devant moi, et, embrassant les miens, il me tint d'assez longs discours où je ne comprenais rien, sinon qu'il me suppliait de ne pas le tuer.

Pour le désabuser, je le pris par la main en souriant; je le fis lever, et lui montrant du doigt le chevreau, je lui fis signe de l'aller chercher. Pendant qu'il était occupé à découvrir comment cet animal avait été tué, je rechargeai mon fusil. Au moment même j'entrevis sur un arbre un oiseau, que je pris d'abord pour un oiseau de proie, mais qui se trouva être un perroquet. J'appelle mon sauvage, et lui montrant du doigt mon fusil, le perroquet et la terre, je lui fais entendre mon dessein d'abattre l'oiseau; effectivement je le jetai bas, et je vis mon sauvage épouvanté de nouveau, malgré tout ce que j'avais tâché de lui faire comprendre. Ne m'ayant rien vu mettre dans mon fusil, il le regarda comme une source inépuisable de destruction. De long-temps il ne put revenir de sa surprise, et si je l'avais laissé faire, je crois qu'il aurait adoré mon fusil aussi bien que moi. Il n'osa pas y toucher pendant plusieurs jours; il lui parlait, comme si cet instrument eût été capable de lui répondre : c'était, ainsi que je l'ai appris dans la suite, pour le prier de ne pas lui ôter la vie.

Quand je le vis un peu revenu de sa frayeur, je lui fis signe d'aller chercher l'oiseau, ce qu'il exécuta : mais voyant qu'il avait de la peine à le trouver, parce que la bête, n'étant pas tout-à-fait morte, s'était traînée assez loin de là, je pris ce temps pour recharger mon fusil. Il revint bientôt après avec ma proie, et ne trouvant plus l'occasion de l'étonner encore, je m'en retournai avec lui dans ma demeure.

Le même soir j'écorchai le chevreau, je le dépeçai, et j'en mis quelques morceaux sur le feu dans un pot; j'en fis un bouillon, et je donnai une partie de cette viande ainsi préparée à Vendredi, qui, voyant que j'en mangeais, se mit à la goûter aussi. Il me fit signe qu'il y prenait plaisir, mais ce qui lui parut étrange, c'est que je mangeais du sel avec mon bouilli. Pour me faire comprendre que le sel n'était pas bon, il en mit quelques grains dans sa bouche, il les rejeta, et fit une grimace comme s'il avait mal au cœur, ensuite il se rinça la bouche avec de l'eau fraîche. Moi, au contraire, je fis les mêmes grimaces en prenant une bouchée de viande sans sel, mais je ne pus le porter à en faire de même, et il fut fort long-temps sans pouvoir s'y accoutumer.

Après l'avoir ainsi apprivoisé avec cette nourriture, je voulus, le jour d'après, le régaler d'un plat de rôti, ce que je fis en attachant un morceau de chevreau à une corde, et en le faisant tourner continuellement devant le feu, comme je l'avais vu pratiquer quelquefois en Angleterre. Dès que Vendredi en eut goûté, il fit tant de grimaces pour me dire qu'il le trouvait excellent et qu'il ne mangerait plus de chair humaine, qu'il y aurait eu bien de la stupidité à ne le pas entendre.

Le jour d'après, je l'occupai à battre du blé et à le vanner à ma manière, ce qu'en peu de temps il fit aussi bien que moi; il apprit de même à pétrir du pain; en un mot, il ne lui fallut que peu de jours d'apprentissage pour être capable de me servir de toutes les manières.

J'avais à présent deux bouches à nourrir, et par conséquent besoin d'une plus grande quantité de grain que par le passé. Je choisis donc un champ plus étendu, et je me mis à l'enclore, comme j'avais fait pour mes autres terres; Vendredi m'aida, non-seulement avec beaucoup d'adresse et de diligence, mais encore avec beaucoup de plaisir, sachant que c'était pour augmenter mes provisions, et pour être en état de les partager avec lui. Il parut fort sensible à mes soins, et il me fit entendre que sa reconnaissance l'animerait à travailler avec d'autant plus d'assiduité. C'est là l'année la plus agréable que j'aie passée dans l'île. Vendredi commençait à parler passablement; il savait déja les noms de presque toutes les choses dont je pouvais avoir besoin et de tous les lieux où j'avais à l'envoyer, ce qui me rendit l'usage de ma langue, qui m'avait été si long-temps inutile, du moins par rapport au discours. Ce n'était pas seulement sa conversation qui me plaisait, j'étais charmé de plus en plus de sa fidélité, et je commençais à l'aimer avec la plus vive affection, voyant qu'il avait pour moi tout l'attachement possible.

Un jour je désirai savoir s'il regrettait beaucoup sa patrie; et comme il savait assez l'anglais pour répondre à la plupart de mes questions, je lui demandai si sa nation n'était jamais victorieuse dans les combats. Se mettant à sourire,

« Oui, me dit-il, nous toujours combattre le meilleur, » c'est-à-dire, nous remportons toujours la victoire. Là-dessus nous eûmes l'entretien suivant.

ROBINSON. Votre nation combat toujours le meilleur? D'où vient donc que vous avez été fait prisonnier?

VENDREDI. Ma nation combattre beaucoup.

ROBINSON. Mais comment donc avez-vous été pris?

VENDREDI. Eux plus beaucoup que ma nation ou moi être. Eux prendre un, deux, trois et moi. Ma nation battre eux dans l'autre place où moi n'être pas; là ma nation prendre un, deux, grand, mille.

ROBINSON. Pourquoi donc vos gens ne vous ont-ils pas repris sur les ennemis?

VENDREDI. Eux porter un, deux, trois et moi dans le canot. Ma nation n'avoir point canot alors.

ROBINSON. Eh bien! Vendredi, dites-moi ce que fait votre nation de ses prisonniers : les emmène-t-elle pour les manger?

VENDREDI. Oui, ma nation aussi manger hommes, manger tout-à-fait.

ROBINSON. Où les mène-t-elle?

VENDREDI. Les mener partout où trouve bon.

ROBINSON. Les mène-t-elle quelquefois ici?

VENDREDI. Oui, ici, et beaucoup autres places.

ROBINSON. Avez-vous été ici avec vos gens?

VENDREDI. Oui, moi venir ici, dit-il en montrant du doigt le nord-ouest de l'île.

Par là je compris que mon sauvage était venu jadis dans l'île, à l'occasion de quelque festin cannibale, sur le rivage le plus éloigné de mon habitation. Quelque temps après, lorsque je hasardai d'aller de ce côté avec lui, il reconnut d'abord l'endroit, et me conta qu'il avait aidé un jour à manger vingt hommes, deux femmes et un enfant. Il ne savait pas compter jusqu'à vingt, mais il mit autant de pierres sur le sable, et me pria de les compter.

Ce discours me donna occasion de lui demander combien il y avait de l'île au continent, et si dans ce trajet les canots ne périssaient pas souvent. Il me répondit qu'il n'y avait point de danger; et qu'un peu avant dans la mer on trouvait tous les matins le même vent et le même courant, et toutes les après-dînées un vent et un courant directement opposés.

Je crus d'abord que ce n'était autre chose que le flux et le reflux, mais je compris dans la suite que ce phénomène était causé par la grande rivière Orénoque, dans l'embouchure de laquelle mon île était située, et que la terre que je découvrais à l'ouest et au nord-ouest était la grande île de la Trinité, située au septentrion de la rivière. Je fis mille questions à Vendredi touchant le pays, les habitants, la mer, les côtes et les peuples qui en étaient voisins, et il me donna tous les renseignements qu'il put; mais j'avais beau lui demander les noms des différents peuples des environs, il ne me répondait rien, sinon *Carib*, d'où j'inférai que c'étaient les Caraïbes, que nos cartes placent sur la côte qui s'étend de la rivière Orénoque vers la Guiane et Sainte-Marthe. Il me dit encore que bien loin derrière la lune (il voulait dire vers le couchant de la lune, à l'ouest de son pays) il y avait des hommes blancs et barbus comme moi, et qu'ils avaient tué *grand beaucoup hommes :* c'était là sa manière de s'exprimer. Il était aisé de comprendre qu'il désignait par là les Espagnols, dont les cruautés se sont répandues par tous ces pays, et que les habitants détestent par tradition.

Je m'informai alors de lui comment je pourrais faire pour me rendre chez ces hommes blancs. Il me repartit que j'y pouvais aller *en deux canots*, ce que je ne compris pas d'abord; mais quand il se fut expliqué par signes, je vis qu'il entendait par là un canot aussi grand que deux autres.

Cet entretien me fit grand plaisir, et me donna l'espérance de me tirer quelque jour de l'île, et de trouver un puissant secours dans mon fidèle sauvage.

Je ne négligeais pas, au milieu de ces différentes conversation, de jeter dans l'ame de Vendredi les semences de la foi chrétienne. Un jour entre autres, je lui demandai qui l'avait fait. Ne me comprenant pas, il crut que je lui demandais qui était son père. Je donnai donc un autre tour à ma question, et je lui demandai qui avait fait la mer, la terre, les collines, les forêts. Il me dit que c'était un vieillard nommé Bénakmukée, « qui survivait à toutes choses, et qui était fort âgé, plus âgé que la mer, la lune et les étoiles. »

Je tirai de là occasion de l'instruire dans la connaissance du vrai Dieu : je lui dis que le créateur de tous les êtres gouverne tout par le même pouvoir et par la même sagesse, par lesquels il a tout formé; qu'il est tout-puissant, capable de faire tout pour nous, de nous donner tout, de nous ôter tout. Je lui ouvris ainsi les yeux par degrés. Il m'écoutait avec attention, et paraissait recevoir avec plaisir la notion de Jésus envoyé au monde pour nous racheter, et de la véritable manière d'adresser nos prières à Dieu, qui pouvait les entendre, quoiqu'il fût dans le ciel.

Je continuai donc, d'après ces premières bases posées, de prier Dieu ardemment de disposer le cœur de ce malheureux sauvage à la connaissance de l'Évangile; je le suppliais de guider tellement ma langue, que son esprit pût être convaincu, et son ame sauvée. Il y avait plus de bonne volonté que de lumières dans ma manière d'instruire le pauvre Vendredi, et j'avoue qu'il m'arriva ce qui arrive en pareil cas à bien d'autres : en travaillant à son instruction, je m'instruisis moi-même sur plusieurs points qui m'avaient été inconnus auparavant, ou que du moins je n'avais pas considérés avec assez d'attention, mais qui se présentèrent naturellement à mon esprit lorsque j'en eus besoin.

Je m'appliquais surtout sans relâche à la lecture de la Bible, et à lui en expliquer le sens selon mes faibles lumières; lui à son tour animait mon esprit par ses demandes sensées, et me rendait plus habile dans les vérités salutaires que je ne le serais devenu en lisant seul. Ainsi je recommençai mon éducation religieuse, et je fis de mon sauvage un aussi bon chrétien que j'en aie jamais rencontré.

Dès que Vendredi et moi fûmes en état de conférer ensemble, et qu'il commença à parler anglais, je lui fis le récit de mes aventures, au moins de celles qui avaient quelque rapport avec mon séjour dans cette l'île, et avec la manière dont j'y avais vécu. Je lui révélai le mystère de la poudre et des balles, et je lui enseignai la manière de tirer; de plus, je lui donnai un couteau, qu'il se faisait un plaisir extraordinaire de posséder, et je lui fabriquai un ceinturon avec une gaîne suspendue comme celle où l'on met les couteaux de chasse, mais disposée pour porter une hache, dont l'utilité est beaucoup plus générale.

Je lui fis encore une description de l'Europe, et principalement de l'Angleterre ma patrie; je lui dépeignis notre manière de vivre, notre culte religieux, le commerce que nous faisons dans tout l'univers par le moyen de nos vaisseaux; je n'oubliai pas de lui donner une idée de celui que j'étais allé visiter, et de l'endroit où il avait échoué. Il est vrai que cette particularité était peu nécessaire, puisque, selon toutes les apparences, la mer l'avait si bien ruiné, qu'il n'en restait pas le moindre débris.

Je lui fis remarquer aussi les restes de la chaloupe que nous perdîmes quand je m'échappai du naufrage ; à peine y eut-il jeté les yeux qu'il se mit à réfléchir avec un air d'étonnement, sans dire un seul mot. Je lui demandai quel était le sujet de sa méditation, et il répondit : « Moi voir telle chaloupe ainsi chez ma nation. »

Je fus assez long-temps à comprendre ce qu'il voulait dire ; mais, après un plus mûr examen, je devinai qu'il voulait me faire entendre qu'une semblable chaloupe avait été portée par une tempête sur le rivage de sa nation. J'en conclus que quelque vaisseau européen devait avoir fait naufrage sur ces côtes, et que peut-être les vents ayant détaché la chaloupe, l'avaient poussée sur le sable : mais je fus assez simple pour ne me pas mettre dans l'esprit que ceux qui le montaient avaient pu se sauver du naufrage par ce moyen. L'unique chose à laquelle je songeai, fut de demander à mon sauvage une description de la chaloupe en question.

Il s'en acquitta passablement, puis il me fit entrer tout-à-fait dans sa pensée, en ajoutant : « Nous sauver les hommes blancs de noyer. » Je lui demandai aussitôt s'il y avait donc quelques hommes blancs dans cette chaloupe: «Oui, dit-il, la chaloupe pleine d'hommes blancs.» Et, en comptant sur ses doigts, il me fit comprendre qu'il y en avait jusqu'à dix-sept, et qu'ils demeuraient chez sa nation.

Ce discours remplit ma tête de nouvelles chimères; je m'imaginai d'abord que les gens du vaisseau échoué à la vue de mon île s'étaient jetés dans la barque, et que, par bonheur, ils s'étaient sauvés sur les côtes des sauvages. Cette pensée me porta donc à demander avec plus d'exactitude ce qu'ils étaient devenus. Il m'assura qu'ils étaient dans son pays depuis quatre ans, subsistant des vivres que leur fournissait sa nation; et lorsque je lui demandai pourquoi ils n'avaient pas été mangés, il me répondit: «Nous faire frères avec eux; non manger les hommes que quand la guerre fait battre.» C'est-à-dire que sa nation avait fait la paix avec eux, et qu'elle ne mangeait que les prisonniers de guerre.

Assez long-temps après, il arriva qu'étant au haut d'une colline, du côté de l'est, d'où, comme je l'ai dit, l'on pouvait découvrir par un temps serein le continent de l'Amérique, après avoir attentivement regardé de ce côté-là, il parut tout ravi : il se mit à sauter et à gambader. Je lui en demandai le sujet, alors il cria de toutes ses forces : « O joie ! ô plaisant! là voir mon pays, là voir ma nation. »

Le sentiment de la plus vive allégresse était répandu sur tout son visage, et je crus lire dans le feu de ses yeux un désir violent de retourner dans sa patrie. Cette découverte me rendit moins tranquille sur son chapitre, et je ne doutai point que, si jamais il trouvait une occasion d'y retourner, il n'oubliât, et ce que je lui avais enseigné sur la religion, et toutes les obligations qu'il pouvait m'avoir. Je craignis même qu'il ne fût capable de me découvrir à ses compatriotes, et d'en amener dans l'île quelques centaines pour les régaler de ma chair, avec le même plaisir qu'il prenait autrefois à manger quelqu'un de ses ennemis. Mais je faisais grand tort au pauvre garçon, ce dont je fus très-mortifié après. Cependant, durant quelques semaines, je fus plus circonspect à son égard, et je lui fis moins de caresses :

c'était pourtant dans le temps même que cet honnête sauvage fondait toute sa conduite sur les plus excellents principes du christianisme, et d'une nature bien dirigée.

On n'aura pas de peine à croire que je ne négligeai rien pour pénétrer les desseins dont je le soupçonnais; mais je trouvai dans toutes ses paroles tant de candeur, tant de probité, que mes soupçons durent nécessairement tomber à la fin, faute de motifs. Il ne s'apercevait seulement pas que mes manières étaient changées à son égard, preuve évidente qu'il ne songeait à rien moins qu'à me tromper.

Un jour me promenant avec lui sur la colline dont j'ai déja fait mention, par un temps trop chargé pour découvrir le continent, je lui demandai s'il ne souhaitait pas être dans son pays au milieu de sa nation. « Oui, répondit-il, moi fort joyeux voir ma nation. —Eh! qu'y feriez-vous? lui dis-je, voudriez-vous redevenir sauvage, et manger encore de la chair humaine? » Il parut chagrin à cette question, et remuant la tête : « Non, répliqua-t-il ; Vendredi leur conter vivre bons, prier Dieu, manger pain de blé, chair de bête, lait; non plus manger hommes. — Mais ils vous mangeront, repartis-je. — Non, dit-il, eux non tuer moi, volontiers aimer apprendre; » puis il ajouta qu'ils avaient appris beaucoup de choses des hommes barbus qui étaient venus dans la chaloupe. Je lui demandai alors s'il avait envie d'y retourner, et lorsqu'il m'eut répondu en souriant qu'il ne pouvait nager jusque là, je lui promis de faire un canot. Il me dit alors qu'il le voulait bien, pourvu que je fusse de la partie, et il m'assura que, bien loin de me manger, ils feraient grand cas de moi lorsqu'il leur aurait conté que j'avais sauvé sa vie et tué ses ennemis. Pour me tranquilliser, il me fit un détail de toutes les bontés qu'ils avaient eues pour les hommes barbus jetés par la tempête sur le rivage.

Dès ce moment je pris la résolution de hasarder le passage, dans le dessein de joindre ces étrangers, qui devaient être, selon moi, des Espagnols ou des Portugais, ne doutant point que je ne regagnasse ma patrie, si j'avais une fois le bonheur de me trouver sur le continent avec une nombreuse compagnie d'Européens; ce que je ne pouvais plus espérer en restant dans une île éloignée de la terre ferme de plus de quarante lieues.

Dans cette vue je résolus de mettre Vendredi au travail, et je le menai de l'autre côté de l'île pour lui montrer ma chaloupe; l'ayant tirée de l'eau sous laquelle je la conservais, je la mis à flot, et nous y entrâmes tous deux. Voyant qu'il la maniait avec beaucoup d'adresse et de force, et qu'il la faisait avancer du double de ce que j'étais capable de faire: « Eh bien! lui dis-je, Vendredi, nous en ironsnous chez votre nation? » Quand je le vis tout stupéfait par la crainte que la barque ne fût trop faible pour ce voyage, je lui montrai l'autre que j'avais construite autrefois, et qui étant demeurée à sec pendant vingt-trois ans, était fendue de toutes parts et presque entièrement pourrie. Il me fit entendre que ce bâtiment serait grand de reste pour passer la mer avec toutes les provisions qui nous étaient nécessaires.

Déterminé à exécuter mon dessein, je lui

dis que nous devions nous occuper à en faire un de cette grandeur-là pour qu'il pût s'en retourner chez lui. A cette proposition il baissa la tête d'un air fort chagrin, sans répondre un seul mot; et quand je lui demandai la raison de son silence, il me dit d'un ton lamentable : « Pourquoi vous en colère contre Vendredi? quoi moi faire contre vous? » Je lui répondis qu'il se trompait, et que je n'étais point du tout en colère. « Point colère? répliqua-t-il en répétant plusieurs fois les mêmes paroles, point colère? Pourquoi donc envoyer Vendredi auprès ma nation? — Quoi! dis-je, ne m'avez-vous pas dit que vous souhaitiez y être? — Oui, repartit-il, souhaiter tous deux là; non Vendredi là, et point maître là. » En un mot, je vis bien qu'il ne songeait point à entreprendre le voyage sans moi.

Après l'avoir questionné sur l'utilité qui lui reviendrait d'un pareil voyage, il me répondit avec vivacité : « Vous faire grand beaucoup bien, vous enseigner hommes sauvages être bons hommes apprivoisés, leur enseigner à connaître Dieu, prier Dieu, vivre nouvelle vie. —

Hélas! mon enfant, lui dis-je, vous ne savez ce que vous dites; je ne suis moi-même qu'un ignorant. — Oui, oui, répliqua-t-il, vous enseigner moi bonnes choses, vous enseigner eux bonnes choses aussi. »

Malgré ces marques de son attachement pour moi, je fis semblant de continuer dans mon dessein de le renvoyer, ce qui le désespéra si fort, que, courant à une des haches qu'il portait d'ordinaire, il me la présenta, en disant: « Vous prendre, vous tuer Vendredi, non envoyer Vendredi chez ma nation. » Il prononça ces mots les yeux pleins de larmes, et d'une manière si touchante, que je fus convaincu de sa vive tendresse, et que je lui promis de ne le renvoyer jamais contre son gré.

Tout ce qui portait mon sauvage au désir de me mener avec lui dans sa patrie, c'était son amour pour ses compatriotes, auxquels il croyait mes instructions bien utiles. Pour moi, mes vues étaient d'une autre nature; je ne songeais qu'à rejoindre les hommes, et, sans différer davantage, je me mis à choisir un arbre assez fort pour en faire un grand canot propre à notre voyage. Il y en avait assez dans l'île, mais je souhaitais d'en trouver un assez près de la mer pour pouvoir le lancer sans beaucoup de peine dès qu'il serait transformé en barque.

Mon sauvage en trouva bientôt un d'un bois qui m'était inconnu, mais qu'il connaissait propre à notre dessein. Il était d'avis de le creuser en brûlant le dedans; mais après que je lui eus enseigné l'usage des coins de fer, il s'y prit fort adroitement; et après un mois d'un rude travail, il termina son ouvrage. La barque était fort proprement faite, surtout quand, par le moyen de nos haches, nous lui eûmes donné en dehors la forme d'une véritable chaloupe; ensuite, nous fûmes encore occupés une quinzaine de jours à la mettre à l'eau, où nous la fîmes entrer peu à peu par le moyen de quelques rouleaux.

J'étais surpris de voir avec quelle adresse mon sauvage savait la manier et la tourner, quelque grande qu'elle fût. Je lui demandai si elle était assez forte pour y hasarder le passage, et il m'assura que nous le pouvions, même dans un grand vent. J'avais pourtant encore un dessein qui lui était inconnu ; c'était d'y ajouter un mât, une voile, une ancre et un câble. Pour cet effet, je choisis un jeune cèdre fort droit, et j'employai Vendredi à l'abattre et à lui donner la forme nécessaire. Je fis mon affaire de la voile; je savais qu'il me restait un grand nombre de morceaux de vieilles voiles; mais comme je n'avais été guère soigneux de les conserver pendant vingt-six ans, je craignais qu'ils ne fussent absolument pourris. J'en trouvai pourtant deux lambeaux passablement bons; je me mis à y travailler; et après la fatigue d'une couture longue et pénible, faute d'aiguilles, j'en fis une mauvaise voile triangulaire, telle qu'on en emploie d'ordinaire dans les chaloupes de nos vaisseaux : c'était celle dont la manœuvre m'était la plus familière, puisque avec une pareille voile je m'étais échappé autrefois de Barbarie.

Je mis près de deux mois à funer et à dresser mon mât et mes voiles, et à mettre la dernière main à tout ce qui était nécessaire à ma barque; j'y ajoutai un petit étai et une misaine, pour aider le bâtiment en cas qu'il fût trop emporté par la marée; et, qui plus est, j'attachai un gouvernail à la poupe, quoique je fusse un assez mauvais charpentier : comme je savais l'utilité et même la nécessité de cette pièce, je travaillai avec tant d'application que j'en vins à bout. Mais je suis persuadé que le gouvernail seul me coûta autant de peine que toute la barque.

Il s'agissait alors d'enseigner la manœuvre à mon sauvage; car, quoiqu'il sût parfaitement comment faire aller un canot à force de rames, il était fort ignorant dans le maniement d'une voile et d'un gouvernail. Il montrait un étonnement inexprimable quand il me voyait tourner et virer ma barque à ma fantaisie, quand il voyait les voiles changer de direction et s'enfler du côté où je voulais faire cours. Cependant un peu d'habitude lui rendit toutes ces choses familières, et en peu de temps il devint un très-bon matelot; cependant il me fut impossible de lui faire comprendre l'usage de la boussole. Ce n'était pas un grand malheur, car nous avions rarement un temps couvert, et jamais de brouillards, de manière que la boussole nous devenait assez inutile, puisque pendant la nuit nous pouvions voir les étoiles et découvrir le continent même pendant le jour, excepté dans les saisons pluvieuses, époque à laquelle personne ne s'aviserait de mettre en mer.

J'étais alors entré dans la vingt-septième année de mon exil dans cette île, quoique je ne puisse guère appeler exil les trois dernières où j'ai joui de la compagnie de mon fidèle sauvage. Je continuais toujours à célébrer l'anniversaire de mon naufrage avec la même reconnaissance envers Dieu. J'étais persuadé que l'année ne se passerait pas sans voir mes vœux accomplis; mais cette persuasion ne me faisait rien négliger de mon économie ordinaire; je labourais la terre comme de coutume; je plantais, je faisais des enclos, je séchais mes raisins; en un mot, j'agissais comme si je devais finir ma vie dans l'île.

La saison des pluies survenue, je me vis obligé de garder la maison plus qu'en d'autres temps; j'avais déja pris mes mesures pour mettre notre bâtiment en sûreté ; je l'avais fait entrer dans la petite baie dont j'ai parlé plusieurs fois ; je l'avais tiré sur le rivage pendant la haute marée, et Vendredi lui avait creusé un petit chantier justement assez profond pour pouvoir lui donner autant d'eau qu'il fallait pour le mettre à flot, et pendant la basse marée nous avions pris toutes les précautions nécessaires pour empêcher l'eau de la mer d'entrer malgré nous dans ce chantier. Afin de le mettre à l'abri de la pluie, nous le couvrîmes d'un si grand nombre de branches d'arbres, qu'un toit de chaume n'est pas plus impénétrable. De cette manière nous attendîmes les mois de novembre et de décembre, dans l'un desquels j'étais déterminé à hasarder le passage.

Mon désir d'exécuter cette entreprise s'affermit avec le retour de la belle saison, et j'étais continuellement occupé à tout préparer, principalement à rassembler les provisions nécessaires pour notre voyage, ayant dessein de mettre en mer dans une quinzaine de jours. Un matin, pendant que je travaillais à ces préparatifs, j'ordonnai à Vendredi d'aller sur le bord de la mer pour chercher quelque tortue, dont la prise nous était fort agréable, tant à cause des œufs que de la chair même. Il n'y avait qu'un moment qu'il était sorti quand je le vis revenir à toutes jambes, et voler par-dessus mon retranchement extérieur, comme si ses pieds ne touchaient pas à terre. Sans me donner le temps de lui faire des questions, il se met à crier : « O maître, maître ! ô douleur ! ô mauvais ! — Qu'y a-t-il, Vendredi ? lui dis-je. — Oh ! répondit-il, là-bas un, deux, trois canots, un, deux, trois. » Je conclus de sa manière de s'exprimer qu'il devait y avoir six canots ; mais je trouvai dans la suite qu'il n'y en avait que trois.

En vain je m'efforçais de le rassurer, le pauvre garçon continuait à être dans des alarmes mortelles, se persuadant que les sauvages étaient venus exprès pour le mettre en pièces et pour le dévorer. « Courage, Vendredi, lui dis-je, je suis dans un aussi grand danger que toi ; s'ils nous attrapent, ils n'épargneront pas plus ma chair que la tienne : il faut donc que nous nous hasardions à les combattre. Sais-tu te battre, mon enfant ? — Moi tirer, répliqua-t-il, mais venir là plusieurs, grand nombre. — Peu importe, lui dis-je, nos armes à feu effraieront ceux qu'elles ne tueront pas ; je suis résolu de hasarder ma vie pour toi, pourvu que tu m'en promettes autant, et que tu veuilles exactement suivre mes ordres. — Oui, répondit-il, moi mourir, quand maître ordonne mourir. »

Là-dessus je lui fis boire un coup de rum pour lui fortifier le cœur. Je lui fis prendre mes deux fusils de chasse, que je chargeai de la plus grosse dragée ; je pris quatre mousquets, dans chacun desquels je mis deux clous et cinq petites balles, je chargeai mes pistolets à proportion ; je mis à mon côté mon grand sabre nu, et j'ordonnai à Vendredi de prendre sa hache.

M'étant préparé de cette manière, je pris une de mes lunettes, et je montai au haut de la colline pour découvrir ce qui se passait sur le rivage ; j'aperçus bientôt que nos ennemis y étaient au nombre de vingt-un, avec trois prisonniers ; qu'ils étaient venus en trois canots, et qu'ils avaient dessein de faire un festin de triomphe du corps de ces malheureux.

J'observai encore qu'ils étaient débarqués non dans l'endroit où Vendredi leur avait échappé, mais plus près de ma petite baie, sur un rivage très-bas, où un bois épais s'étendait presque jusqu'à la mer. Cette découverte m'anima d'un nouveau courage, et retournant vers Vendredi, je lui dis que j'étais déterminé à les tuer tous s'il voulait m'assister avec vigueur. Sa peur étant alors passée, et le rum ayant mis son sang en mouvement, il parut plein de feu, et répéta avec un air ferme : « Moi mourir quand vous ordonne mourir. »

Pour mettre à profit ce moment d'ardeur, je partageai les armes entre nous ; je lui donnai un pistolet pour mettre à sa ceinture, je lui plaçai trois fusils sur l'épaule ; j'en pris autant pour moi, et nous nous mîmes en marche. Outre mes armes, je m'étais pourvu d'une bouteille de rum, et j'avais chargé Vendredi d'un sac plein de poudre et de balles. Le seul ordre qu'il eût à suivre était de marcher sur mes pas, de ne faire aucun mouvement, de ne pas dire un mot sans mon commandement. Je cherchai à main droite un détour pour passer de l'autre côté de la baie, et pour gagner le bois, afin d'avoir les cannibales à portée de fusil avant qu'ils m'eussent découvert. Je vins aisément à bout de trouver une telle route par le moyen de ma lunette d'approche.

Tout en marchant, mes réflexions ralentirent beaucoup l'ardeur qui m'avait porté à cette entreprise ; ce n'était pas que le nombre des ennemis me fît peur : ils étaient nus, et certainement j'avais lieu de nous croire plus forts qu'eux ; mais les mêmes raisons qui m'avaient donné autrefois de l'horreur pour un pareil massacre, faisaient encore de vives impressions sur mon esprit. Quelle nécessité, dis-je en moi-même, me porte à tremper mes mains dans le sang d'un peuple qui n'a jamais eu la moindre intention de m'offenser ?

Ces pensées me jetèrent dans une grande incertitude, d'où je sortis enfin en me déterminant à seulement approcher du lieu de leur barbare festin, pour agir selon que le ciel m'inspirerait.

Dans cette vue, j'entrai par le bois avec toute la précaution et tout le silence possibles, ayant Vendredi sur mes traces, et je m'avançai jusqu'à ce qu'il n'y eût qu'une petite pointe de bois entre nous et les sauvages. Apercevant alors un arbre fort élevé, j'appelle Vendredi tout doucement, et lui ordonne de percer jusque-là pour découvrir ce que les sauvages faisaient. Il obéit, et vint bientôt me rapporter qu'on les voyait distinctement de cette place, qu'ils étaient tous autour de leur feu, se régalant de la chair de l'un de leurs prisonniers, et qu'à quelques pas de là il y en avait un autre, garrotté et étendu sur le sable, qui aurait bientôt le même sort; que ce dernier n'était pas de leur nation, mais un des hommes barbus qui étaient arrivés dans son pays avec une chaloupe. Ce rapport, et surtout la particularité du prisonnier barbu, ranimèrent toute ma fureur: je m'avançai vers l'arbre, et je vis clairement un homme blanc couché sur le sable, les mains et les pieds garrottés; les habits dont je le vis couvert ne me laissèrent pas de doute que ce ne fût un Européen.

Il y avait un autre arbre revêtu d'un petit buisson, plus près de leur horrible festin, d'environ cinquante verges, où, sans être aperçu, si je pouvais y parvenir, je vis que je les aurais à demi-portée de fusil. Cette découverte me donna assez de prudence pour me maîtriser quelques moments, quoique ma rage fût montée au plus haut degré; et, me glissant derrière quelques broussailles, je parvins à cet endroit, où je trouvai une petite élévation d'où je découvris, à quatre-vingts verges de moi, tout ce qui se passait.

Je vis qu'il n'y avait pas un instant à perdre: dix-neuf de ces barbares étaient assis à terre, serrés les uns contre les autres, ayant détaché deux d'entre eux pour leur apporter apparemment le pauvre chrétien membre à membre. Ils étaient déja occupés à lui délier les pieds, quand me tournant vers Vendredi: « Allons, lui dis-je, suis mes ordres exactement, fais précisément ce que tu me verras faire, sans manquer dans le moindre point. » Il me le promit. Posant à terre un de mes mousquets et un de mes fusils de chasse, je le vis m'imiter parfaitement. Avec mon autre mousquet je couchai les sauvages en joue, lui ordonnant d'en faire autant : « Es-tu prêt ? lui dis-je. — Oui, » répondit-il : et en même temps nous fîmes feu l'un et l'autre.

Vendredi m'avait tellement surpassé à viser juste, qu'il en tua deux et en blessa trois, tandis que je n'en blessai que deux et n'en tuai qu'un seul. On peut juger si les autres étaient dans une terrible consternation ; tous ceux qui n'avaient pas été blessés se levèrent précipitamment, sans savoir de quel côté tourner leurs pas pour éviter un danger dont la source leur était inconnue. Vendredi cependant avait toujours les yeux fixés sur moi, pour observer et imiter mes mouvements. Après avoir vu l'effet de notre première décharge, je jetai mon mousquet pour prendre le fusil de chasse, et Vendredi en fit de même. Il coucha en joue comme moi. « Es-tu prêt ? » lui demandai-je encore, et dès qu'il m'eut répondu oui, « Feu donc, » lui dis-je ; et en même temps nous tirâmes parmi la troupe effrayée. Comme nos armes étaient chargées d'une dragée grosse comme de petites balles de pistolet, il n'en tomba que deux ; mais il y en avait tant de blessés, que nous les vîmes courir la plupart çà et là tout couverts de sang, et qu'un moment après il en tomba encore trois à demi morts.

Ayant jeté alors à terre nos armes déchargées, je saisis mon second mousquet ; j'ordonnai à Vendredi de me suivre; ce qu'il fit avec beaucoup d'intrépidité. Nous sortîmes brusquement, et dès que nous fûmes à découvert, nous poussâmes un grand cri ; ensuite je me mis à courir de toutes mes forces, autant que me le permettait le poids de mes armes, vers la pauvre victime, qui était étendue sur le sable, entre le lieu du festin et la mer. Les bouchers, qui allaient exercer leur art sur ce malheureux, l'avaient abandonné au bruit de notre première décharge, et, prenant la fuite avec une terrible frayeur du côté de la mer, s'étaient jetés dans un des canots, où ils furent suivis par trois autres. Je criai à Vendredi de courir de ce côté-là, et de tirer dessus. Il m'entendit, et, s'étant avancé sur eux d'une quarantaine de verges, il fit feu. Je m'imaginai au commencement qu'il les avait tous tués, les voyant tomber les uns sur les autres; mais j'en revis bientôt trois sur pied.

Pendant que mon sauvage s'attachait ainsi à la destruction de ses ennemis, je tirai mon couteau pour couper les liens du prisonnier, et ayant mis en liberté ses pieds et ses mains, je le plaçai sur son séant, et je lui demandai en portugais qui il était; il me répondit en latin : *Christianus*. Le voyant si faible qu'il avait de la peine à se tenir debout et à parler, je lui donnai ma bouteille, et lui fis signe de boire. Il le fit, et mangea en outre un morceau de pain que je lui avais donné pareillement. Après avoir un peu repris ses esprits, il me fit entendre qu'il était Espagnol, et qu'il m'avait toutes les obligations imaginables pour l'important service que je venais de lui rendre : me servant de tout l'espagnol que je pouvais rassembler, je lui dis : « Nous parlerons une autre fois, mais à présent il faut combattre ; s'il vous reste quelque force, prenez ce pistolet et cette épée, et faites-en un bon usage. » Il les prit d'un air reconnaissant, et il semblait que ces armes lui rendissent toute sa vigueur. Il tomba dans le moment sur ses ennemis comme un furieux, et en un tour de main il en dépêcha deux à coups de sabre. Il est vrai qu'ils ne se défendaient guère. Ces barbares étaient si effrayés du bruit de nos fusils, qu'ils se trouvaient aussi peu en état de songer à leur conservation, que leur chair avait été peu capable de résister à nos balles. Je m'en étais bien aperçu lorsque Vendredi avait fait feu sur ceux qui étaient dans la barque ; car les uns avaient été terrassés par la peur, tout aussi bien que les autres par les blessures.

Je tenais toujours mon dernier fusil à la main, sans le tirer, pour n'être pas pris au dépourvu. C'est tout ce que j'avais pour me défendre, ayant donné mon pistolet et mon sabre à l'Espagnol. J'ordonnai cependant à Vendredi de retourner à l'arbre où nous avions commencé le combat, et d'y chercher nos armes déchargées, ce qu'il fit avec une grande rapidité. Pendant que je m'étais mis à les charger de nouveau, je vis un combat très-acharné entre l'Espagnol et un des sauvages, qui l'avait attaqué avec un des sabres de bois destinés à le priver de la vie si je ne l'avais empêché. L'Espagnol, qui, bien que faible, était aussi brave et aussi hardi qu'il est possible de l'être, avait déja combattu le sauvage pendant quelque temps, et lui avait fait deux blessures à la tête, quand l'autre, l'ayant saisi par le milieu du corps, le jette à terre et fait tous ses efforts pour lui arracher mon épée. L'Espagnol ne perdit pas son sang-froid dans cette occasion; il quitta sagement le sabre, mit la main à son pistolet, et tua son ennemi sur-le-champ. Vendredi, qui n'était plus à portée de recevoir mes ordres, se voyant en pleine liberté, poursuivit les autres sauvages avec sa hache, et acheva d'abord trois de ceux qui avaient été jetés à terre par nos décharges, et ensuite tous ceux qu'il put atteindre. De l'autre côté, l'Espagnol, ayant pris un de mes fusils, se mit à la poursuite de deux autres, qu'il blessa tous deux; mais comme il n'avait pas la force de courir, ils se sauvèrent dans le bois, où Vendredi en tua encore un; pour le second, qui était d'une agilité extrême, il lui échappa, s'étant jeté à corps perdu dans la mer, et ayant gagné à la nage le canot, où il y avait trois de ses camarades : ces quatre furent les seuls qui se sauvèrent de nos mains.

Ils faisaient force de rames pour se mettre hors de la portée du fusil; et, quoique mon esclave leur tirât encore deux ou trois coups, je n'en vis pas un montrer qu'il en fût atteint. Il souhaitait fort que nous prissions un des canots pour leur donner la chasse, et ce n'était pas sans raison; car il était fort à craindre, s'ils échappaient, qu'ils ne fissent le récit de leur triste aventure à leurs compatriotes, et qu'ils ne revinssent avec quelques centaines de barques pour nous accabler par leur nombre : j'y consentis donc. Je me jetai dans un de leurs canots en commandant à Vendredi de me suivre; mais je fus bien surpris en y voyant un troisième prisonnier garrotté de la même manière que l'avait été l'Espagnol, et presque mort de peur, n'ayant pas su ce dont il s'agissait ; car il était tellement lié, qu'il était hors d'état de lever la tête, et qu'il lui restait à peine un souffle de vie.

Je me mis d'abord à couper les cordes qui l'incommodaient si fort, et je m'efforçai de le soulever ; mais il n'avait pas la force de se soutenir ni de parler. Il jeta seulement des cris sourds et lamentables, craignant sans doute qu'on ne le déliât que pour lui ôter la vie.

Dès que Vendredi fut entré dans la barque, je lui dis de l'assurer de sa délivrance et de lui donner un coup de rum ; ce qui, joint à la bonne nouvelle à laquelle il ne s'attendait pas, le fit revivre et lui donna assez de force pour se mettre sur son séant.

Quelques instants après que Vendredi l'eut regardé et l'eut entendu parler, c'était un spectacle à tirer les larmes des yeux de l'homme le plus insensible, de le voir embrasser ce sauvage, pleurer, rire, sauter, danser à l'entour, ensuite se tordre les mains, se battre le visage, et puis sauter, danser de nouveau, enfin se comporter comme s'il eût été hors de sens. Pendant quelques moments il n'eut pas la force de m'expliquer la cause de tant de mouvements opposés, mais étant un peu revenu à lui, il me dit enfin que ce sauvage était son père.

Il m'est impossible d'exprimer jusqu'à quel point je fus touché des transports que l'amour filial produisit dans le cœur de ce pauvre garçon à la vue de son père délivré des mains de ses bourreaux. Il m'est tout aussi difficile de bien dépeindre toutes les tendres extravagances où ce spectacle le jeta : tantôt il entrait dans le canot, tantôt il en sortait, tantôt il y rentrait de nouveau ; il s'asseyait auprès de son père, et pour le réchauffer il lui tenait la tête serrée contre sa poitrine ; il lui prenait les mains et les pieds, raidis par la force dont ils avaient été liés, et il tâchait de les amollir en les frottant. Voyant quel était son dessein, je lui donnai de mon rum pour rendre ce frottement plus utile, ce qui fit beaucoup de bien au pauvre vieillard.

Cet accident nous fit oublier de poursuivre

le canot des sauvages, qui était déja hors de notre vue : ce fut un bonheur pour nous, car deux heures après, lorsqu'ils ne pouvaient encore avoir fait le quart du chemin, il s'éleva un vent terrible qui continua pendant toute la nuit, et comme il venait du nord-ouest et qu'il leur était contraire, il ne me parut guère possible alors qu'ils pussent regagner leurs côtes.

Pour revenir à Vendredi, il était tellement occupé autour de son père, que pendant assez long-temps je n'eus pas le cœur de le retirer de là; mais quand je crus qu'il avait suffisamment satisfait à ses transports, je l'appelai : il vint en sautant, en riant et en marquant la joie la plus vive. Je lui demandai s'il avait donné du pain à son père : « Non, dit-il, moi vilain chien, manger tout moi-même. » Là-dessus je lui donnai un gâteau d'orge que j'avais dans ma poche, j'y ajoutai un coup de rum pour lui-même. Il n'y goûta pas, et alla porter le tout à son père avec une poignée de raisins secs, que je lui avais donnés.

Un moment après je le vis sortir de la barque

et se mettre à courir vers mon habitation avec une telle rapidité que je le perdis de vue dans un instant, car c'était l'homme le plus agile et le plus léger que j'aie vu de mes jours. J'avais beau crier, il n'entendait rien; mais environ un quart d'heure après je le vis revenir avec moins de vitesse, parce qu'il portait quelque chose: c'était un pot rempli d'eau fraîche et quelques morceaux de pain, qu'il me donna; quant à l'eau, il la porta à son père après que j'en eus bu pour me désaltérer. Elle ranima entièrement le vieillard, et lui fit plus de bien que la liqueur forte qu'il avait prise, car il mourait de soif.

Quand il eut bu, et que je vis qu'il y avait encore de l'eau de reste, j'ordonnai à Vendredi de la porter à l'Espagnol avec un des gâteaux qu'il était aller me chercher. Celui-ci, extrêmement faible, s'était couché sur l'herbe à l'ombre d'un arbre; il se releva néanmoins pour manger et pour boire, et je m'approchai moi-même pour lui donner une poignée de raisins. Il me regarda d'un air tendre et plein de la plus vive reconnaissance; il avait si peu de force, quoiqu'il eût marqué tant de vigueur dans le combat, qu'il ne pouvait se tenir sur ses jambes; il l'essaya deux ou trois fois, mais en vain; ses pieds, enflés prodigieusement à force d'avoir été garrottés, lui causaient trop de douleur. Pour le soulager, j'ordonnai à Vendredi de les lui frotter avec du rum, comme il avait fait à l'égard de son père.

Quoique mon sauvage s'acquittât de ce devoir avec affection, il ne pouvait s'empêcher, de moment à autre, de tourner les yeux vers son père, pour voir s'il était toujours dans le même endroit et dans la même posture. Une fois entre autres ne le voyant pas, il se lève avec précipitation et court vers lui avec tant de vitesse, qu'il était difficile de voir si ses pieds touchaient à terre; mais en entrant dans le canot, il vit qu'il n'y avait rien à craindre, et que son père s'était couché seulement pour se reposer. Dès qu'il fut de retour, je priai l'Espagnol de souffrir que Vendredi l'aidât à se lever, et le conduisît vers la barque, pour le mener de là vers mon habitation, où j'aurais de lui tout le soin possible. Mon sauvage n'attendit pas que l'Espagnol fît le moindre effort; comme il était aussi robuste qu'agile, il le chargea sur ses épaules, le porta jusqu'à la barque, et le fit asseoir sur un des côtés du canot près de son père; puis sortant de la barque, il la lance à l'eau, et, quoiqu'il fît un grand vent, il la fit longer le rivage plus vite que je n'étais capable de marcher. Après l'avoir fait entrer dans la baie, il se mit de nouveau à courir pour chercher l'autre canot des sauvages qui nous était resté, et il y arriva avec cette barque aussi vite que j'y étais venu par terre. Il me fit passer la baie, et ensuite il alla aider nos nouveaux compagnons à sortir du canot où ils étaient, mais ils ne se trouvaient ni l'un ni l'autre en état de marcher, de manière que Vendredi ne savait comment faire.

Après avoir médité sur les moyens de remédier à cet inconvénient, je priai mon sauvage de s'asseoir et de se reposer, et je me mis à travailler à une espèce de civière; nous les y posâmes tous deux et les portâmes jusqu'à notre retranchement extérieur; mais là nous fûmes dans un plus grand embarras qu'auparavant. Je n'avais nul désir d'abattre ce rempart, et je ne voyais pas comment on pourrait les faire passer par-dessus. Le seul parti qu'il y eût à prendre, c'était de travailler de nouveau ; et avec l'aide de Vendredi je dressai, en moins de deux heures, une jolie petite tente couverte de ramée et de vieilles voiles, entre mon retranchement extérieur et le bocage que j'avais eu soin de planter à quelques pas de là. Dans cette hutte je leur fis deux lits de quelques bottes de paille, sur chacun desquels je mis une couverture pour leur tenir chaud.

Voilà mon île peuplée : je me voyais riche en sujets, et c'était une idée fort satisfaisante pour moi de me considérer comme un petit monarque. Toute cette île était mon domaine par des titres incontestables. Mes sujets m'étaient parfaitement soumis ; j'étais leur législateur et leur souverain seigneur ; ils m'étaient tous redevables de la vie, et tous ils étaient prêts à la risquer pour mon service dès que l'occasion s'en présenterait. Ce qui était le plus remarquable, c'est qu'il y avait dans mes états trois religions différentes : Vendredi était protestant, son père païen et cannibale, l'Espagnol catholique romain; et moi, comme un prince sage et équitable, j'établissais la liberté de conscience dans tout mon royaume.

Dès que j'eus logé mes deux nouveaux compagnons, je songeai à rétablir leurs forces par un bon repas; je commandai à Vendredi d'aller prendre parmi mon troupeau un chevreau d'un an; je le mis en pièces, je le fis étuver, et je leur accommodai un fort bon plat, où j'avais mis de l'orge et du riz. Je portai le tout dans la nouvelle tente, et ayant servi, je me mis à table avec mes nouveaux hôtes, que je régalai et encourageai de mon mieux, me servant de Vendredi comme de mon interprète, non-seulement auprès de son père, mais auprès de l'Espagnol, qui parlait fort bien la langue des sauvages.

Après avoir dîné, ou, pour mieux dire, soupé, j'ordonnai à Vendredi de prendre un des canots et d'aller chercher nos armes à feu que nous avions laissées sur le champ de bataille. Le jour suivant je lui dis d'enterrer les morts qui, étant exposés au soleil, nous auraient bientôt incommodés par leur mauvaise odeur, et d'ensevelir en même temps les restes affreux du festin, qui étaient répandus en quantité sur le rivage. J'étais si fort éloigné de le faire moi-même, que je ne pouvais y penser sans horreur, et que j'en détournais les yeux quand j'étais obligé de passer par cet endroit. Pour mon sauvage, il s'en acquitta si bien, qu'il ne resta pas seulement l'apparence ni du combat ni du festin, et que je n'aurais pu reconnaître le lieu sans la pointe du bois qui s'avançait de ce côté-là.

Je crus qu'il était temps alors d'entrer en conversation avec mes nouveaux sujets. Je commençai par le père de Vendredi, à qui je demandai ce qu'il pensait des sauvages qui s'étaient échappés, et si nous devions craindre leur retour dans l'île avec des forces capables de nous accabler. Son sentiment fut qu'il n'y avait aucune apparence qu'ils eussent pu résister à la tempête, et qu'ils devaient avoir tous péri, à moins d'avoir été portés du côté du sud sur certaines côtes, où ils seraient dévorés indubitablement. A l'égard de ce qui pourrait arriver en cas qu'ils eussent été assez heureux pour regagner leur rivage, il me dit qu'il les croyait si fort effrayés par la manière dont ils avaient été attaqués, si étourdis par le bruit et par le feu de nos armes, qu'ils ne manqueraient pas de raconter à leur nation que leurs compagnons avaient été tués par la foudre et par le tonnerre, et que les deux ennemis qui leur avaient apparu étaient sans doute des esprits descendus d'en-haut pour les détruire. Il était confirmé dans cette opinion par ce qu'il avait entendu dire aux fuyards, qu'ils ne pouvaient comprendre que des hommes pussent *souffler foudre*, *parler tonnerre*, et tuer à une grande distance sans lever seulement la main; néanmoins je fus pendant quelque temps dans des appréhensions continuelles qui m'obligèrent à être sur mes gardes, et à tenir toutes mes troupes sous les armes. Nous étions quatre alors, et je n'aurais pas craint d'affronter une centaine de nos ennemis en rase campagne.

Cependant ne voyant pas arriver un seul canot sur mon rivage pendant un assez long temps, mes frayeurs s'apaisèrent, et je commençai à délibèrer sur mon voyage vers le continent, où le père de Vendredi m'assurait que je serais bien reçu par sa nation pour l'amour de lui.

L'exécution de mon dessein fut un peu suspendue par un entretien fort sérieux que j'eus avec l'Espagnol. Il m'apprit qu'il avait laissé sur le continent seize autres chrétiens, tant Espagnols que Portugais, qui, ayant fait naufrage et s'étant sauvés sur ces côtes, y vivaient à la vérité en paix avec les sauvages, mais avaient à peine assez de subsistances pour ne pas mourir de faim. Je lui demandai toutes les particularités de leur voyage, et je découvris qu'ils avaient monté un vaisseau espagnol venant de Rio de la Plata, pour porter des peaux à la Havane et pour y charger toutes les marchandises européennes qu'ils y pourraient trouver; qu'ils avaient sauvé d'un autre vaisseau cinq matelots portugais, mais qu'ils en avaient perdu un pareil nombre des leurs, et que les autres, à travers une infinité de dangers, étaient long-temps restés à demi morts de faim sur le rivage des cannibales, saisis de la crainte d'être dévorés aussitôt qu'on les aurait aperçus.

Il me raconta encore qu'ils avaient quelques armes avec eux, mais qu'elles leur étaient absolument inutiles, faute de balles et de poudre, dont ils n'avaient sauvé qu'une très-petite quantité, qui fut consumée dès les premiers jours de leur débarquement en allant à la chasse.

« Mais, lui dis-je, que deviendront-ils à la fin? N'ont-ils jamais formé le dessein de se tirer de là? » Il me répondit qu'ils y avaient pensé plus d'une fois, mais que n'ayant ni vaisseau, ni les instruments nécessaires pour en construire un, ni aucune provision, toutes leurs délibérations à ce sujet avaient été terminées par les larmes et le désespoir.

Je lui demandai de quelle manière il croyait qu'ils pussent recevoir une proposition de ma part tendante à leur délivrance, et s'il ne jugerait pas qu'elle serait aisée à exécuter, si on pouvait les faire venir tous dans mon île. « Mais, ajoutai-je, je vous avoue franchement que je crains fort quelque trahison de leur part. La gratitude n'est pas une vertu très-familière aux hommes, qui d'ordinaire conforment moins leur conduite aux services qu'ils ont reçus qu'aux avantages qu'ils peuvent espérer. »

Après avoir écouté mon discours très-attentivement, il me répondit avec un air de candeur que ces infortunés sentaient avec tant de vivacité tout ce qu'il y avait de misérable dans leur situation, qu'il était sûr qu'ils auraient horreur de la seule pensée de maltraiter un homme qui contribuerait à les en délivrer. « Si vous voulez, poursuivit-il, j'irai les voir avec le vieux sauvage, je leur communiquerai votre intention, et je vous apporterai leur réponse ; je n'entrerai point en traité avec eux, sans qu'ils m'assurent de le garder par les serments les plus solennels. Je veux stipuler qu'ils vous reconnaîtront pour leur commandant, et je les ferai jurer par les Sacrements et sur l'Évangile de vous suivre dans quelque pays chrétien que vous trouviez à propos de les mener, et de vous obéir exactement jusqu'à ce que nous y soyons arrivés ; je prétends même vous apporter un contrat formel signé par toute la troupe. »

Pour me donner plus de confiance en lui, il

me proposa de me prêter serment lui-même avant son départ, et il me jura qu'il ne me quitterait jamais sans mes ordres, et qu'il me défendrait jusqu'à la dernière goutte de son sang, si ses compatriotes étaient assez lâches pour manquer à leurs promesses dans le moindre point. Au reste, il m'assura que c'étaient tous de fort honnêtes gens, qu'ils étaient accablés de tous les maux imaginables, dénués d'armes et d'habits, et n'ayant d'autres vivres que ceux que leur fournissait la pitié des sauvages; qu'ils étaient privés de tout espoir de revenir jamais dans leur patrie, et que si je voulais bien songer à finir leurs malheurs, ils étaient gens à vivre et à mourir avec moi.

Sur ces assurances je résolus fermement de travailler à leur bonheur, et d'envoyer pour traiter avec eux l'Espagnol avec le vieux sauvage. Mais quand tout fut prêt pour leur départ, mon Espagnol lui-même me fit une difficulté où je trouvai tant de prudence et de sincérité, que je fus très-satisfait de lui, et que je suivis le conseil qu'il me donna, de remettre cette affaire à cinq ou six mois de là.

Il y avait déja un mois qu'il était avec nous, et je lui avais montré toutes mes provisions assemblées avec le secours de la Providence. Il comprenait parfaitement bien que ce que j'avais amassé de blé et de riz, quoique suffisant de reste pour moi-même, ne suffirait pas pour ma nouvelle famille, à moins d'une économie exacte, bien loin de pouvoir fournir aux besoins de ses camarades, qui étaient encore au nombre de seize. D'ailleurs il en fallait une bonne quantité pour avitailler le vaisseau que je voulais construire afin de me rendre dans quelque colonie chrétienne; son avis fut donc de défricher d'autres champs, d'y semer tout le grain dont je pouvais me passer, et d'attendre une nouvelle moisson avant de faire venir ses compatriotes. « La disette, me dit-il, pourrait les porter à la révolte, en leur faisant voir qu'ils ne seraient sortis d'un malheur que pour retomber dans un autre. »

Son conseil me parut si raisonnable, et j'y trouvai tant de preuves de sa fidélité, que j'en fus charmé, et je me déterminai à le suivre. Nous nous mîmes tous quatre à labourer la terre autant que nos instruments de bois pouvaient nous le permettre ; et, dans l'espace d'un mois, le temps d'ensemencer les terres étant venu, nous en avions défriché assez pour semer vingt-deux boisseaux d'orge et seize jarres de riz : c'était tout le grain que nous pouvions épargner. A peine nous en resta-t-il pour vivre pendant les six mois qui devaient s'écouler avant la prochaine récolte, car le grain reste six mois en terre dans ce pays.

Étant alors assez forts pour ne rien craindre des sauvages, à moins qu'ils ne vinssent en très-grand nombre, nous nous promenions par toute l'île, sans aucune inquiétude ; et comme nous avions tous l'esprit plein de notre délivrance, il m'était impossible de ne pas songer aux moyens de l'effectuer. Entre autres, je marquai plusieurs arbres qui me paraissaient propres à mes vues ; j'employai Vendredi et son père à les couper, et je leur donnai l'Espagnol pour inspecteur. Je leur montrai avec quel travail infatigable j'avais fait des planches d'un arbre fort épais, et je leur recommandai d'agir de même. Ils me firent une douzaine de bonnes planches de chêne d'à peu près deux pieds de large, de trente-cinq de long, et épaisses de deux pouces jusqu'à quatre. On peut comprendre quelle peine il fallut pour en venir à bout.

Je songeais en même temps à augmenter mon troupeau ; tantôt j'allais à la chasse avec Vendredi ; tantôt je l'envoyais avec l'Espagnol, et de cette manière nous attrapâmes vingt-deux chevreaux, que nous joignîmes à mon troupeau ; quand il nous arrivait de tuer une chèvre, nous ne manquions jamais d'en conserver les petits. Et, la saison étant venue de cueillir le raisin, je fis sécher une si grande quantité de grappes, qu'on aurait pu en remplir plus de soixante barils. Ce fruit faisait, avec notre pain, une grande partie de nos aliments.

C'était alors le temps de la moisson, et notre grain se trouvait en fort bon état, quoique j'aie vu des années plus fertiles dans l'île. La récolte fut pourtant assez bonne pour répondre à nos désirs : de vingt-deux boisseaux d'orge que nous avions semés, il nous en vint deux cent vingt, et notre riz s'était multiplié à proportion ; ce qui était suffisant pour nous et pour les hôtes que nous attendions, jusqu'à notre moisson prochaine; ou bien, s'il s'agissait de faire le voyage projeté, il y en avait assez pour avitailler abondamment notre vaisseau, de quelque côté de l'Amérique que nous voulussions diriger notre course.

Après avoir recueilli ainsi nos grains, nous nous mîmes à travailler en osier et à faire quatre grands paniers pour les y conserver. L'Espagnol était extrêmement habile à ces sortes d'ouvrages, et il me blâmait souvent de n'avoir pas employé cet art à faire mes enclos et mes retranchements; mais par bonheur la chose n'était plus nécessaire alors.

Tous ces préparatifs achevés, je permis à mon Espagnol de passer en terre ferme, pour aller retrouver ses compatriotes; et je lui donnai un ordre par écrit de ne pas emmener un seul homme sans l'avoir fait jurer devant lui et devant le vieux sauvage, que, bien loin d'attaquer le maître de l'île, et de causer le moindre chagrin à un homme qui avait la bonté de travailler à leur délivrance, il ne négligerait rien pour le défendre contre toutes sortes d'attentats, et qu'il se soumettrait entièrement à ses commandements, de quelque côté qu'il trouvât bon de le mener. J'ordonnai encore à l'Espagnol de me rapporter un traité formel par écrit, signé de toute la troupe, sans songer que, selon toutes les apparences, elle n'avait ni papier ni encre.

Muni de ces instructions, il partit avec le père de Vendredi, dans le même canot qui avait servi à les amener sur le rivage où ils devaient être dévorés par les cannibales leurs ennemis. Je leur donnai à chacun un mousquet, et environ huit charges de poudre et de balles, en leur enjoignant d'en être très-économes, et de ne les employer que dans les occasions pressantes.

Telles furent les premières mesures décisives que je pris pour ma délivrance, après plus de vingt-sept ans de séjour dans cette île. Aussi ne négligeai-je aucune précaution nécessaire pour les rendre efficaces. Je donnai à mes voyageurs une provision de pain et de grappes sèches pour plusieurs jours, et une autre provision pour huit jours, destinée aux Espagnols; je convins encore avec eux d'un signal qu'ils devaient mettre au canot à leur retour, pour pouvoir les reconnaître avant qu'ils abordassent; et je leur souhaitai un heureux voyage.

Ils mirent en mer avec un vent frais pendant la pleine lune. C'était au mois d'octobre, selon mon calcul, car pour un compte exact des jours, je ne pus jamais m'assurer de l'avoir juste, dès que je l'eus une fois perdu : je n'étais pas tout-à-fait sûr même d'avoir supputé exactement les années, quoique dans la suite je vis que mon calcul s'accordait parfaitement avec la vérité.

J'avais déja attendu pendant huit jours le retour de mes députés, quand, un matin, lorsque j'étais encore profondément endormi, Vendredi approcha de mon lit avec précipitation, en criant : « Maître, ils sont venus, ils sont venus. »

Je me lève, et, m'étant habillé, je me mets à traverser mon bois, songeant si peu au moindre danger, que j'étais sans armes, contre ma coutume. Je fus bien surpris, en tournant mes yeux vers la mer, de voir à une lieue et demie de distance une chaloupe avec une voile triangulaire, faisant cours vers mon île, et poussée par un vent favorable. Je vis d'abord qu'elle ne venait pas du côté directement opposé à mon rivage, mais du côté du sud. Je dis à Vendredi de ne pas se donner le moindre mouvement, puisque ce n'étaient pas là ceux que nous attendions et que nous ne pouvions savoir encore s'ils étaient amis ou ennemis.

Pour en être mieux éclairci, j'allai chercher ma lunette d'approche, et, par le moyen de mon échelle, je montai au haut du rocher, comme j'avais coutume de le faire quand j'appréhendais quelque événement et que je voulais le découvrir sans être découvert moi-même.

A peine avais-je mis le pied sur le haut de la colline, que je vis clairement un vaisseau à l'ancre, à peu près à deux lieues et demie au sud-ouest de mon habitation ; et je crus remarquer, par la structure de ce bâtiment, qu'il était anglais aussi bien que la chaloupe.

Je ne saurais exprimer les impressions confuses que cette vue fit sur mon imagination.

Quoique ma joie de voir un navire, dont l'équipage devait être sans doute de ma nation, fût extrême, je ne laissais pas de sentir quelques mouvements secrets, dont j'ignorais la cause, et qui m'inspiraient de la circonspection. Je ne pouvais concevoir quelles affaires un vaisseau anglais pouvait avoir dans cette partie du monde, puisque ce n'était assurément la route d'aucun des pays où nous avons établi notre commerce : de plus il n'y avait eu aucune tempête capable de les porter de ce côté malgré eux ; par conséquent j'avais lieu de croire qu'ils n'avaient pas de bons desseins, et qu'il valait mieux demeurer dans ma solitude que de tomber entre les mains de voleurs et de meurtriers.

Je ne m'étais pas tenu long-temps dans cette posture, sans voir clairement approcher la chaloupe du rivage, comme si elle cherchait une baie pour débarquer commodément; mais ne découvrant pas celle dont j'ai parlé, ils poussèrent leur chaloupe sur le sable, environ à un demi-quart de lieue de moi : j'en étais ravi, car, autrement, ils auraient débarqué précisément devant ma porte, ils m'auraient chassé sans doute de mon château, et auraient pillé tout mon bien.

Lorsqu'ils furent sur le rivage, je vis clairement qu'ils étaient Anglais, hormis un ou deux, que je pris pour des Hollandais, mais qui pourtant ne l'étaient pas. Ils étaient onze en tout. Mais il y en avait trois sans armes, et garrottés, comme je crus m'en apercevoir. Dès que cinq ou six d'entre eux eurent sauté sur le rivage, ils firent sortir les autres de la chaloupe, comme des prisonniers : je vis un des trois marquer par des gestes une affliction qui allait jusqu'à l'extravagance; les deux autres levaient quelquefois les mains vers le ciel, et paraissaient fort affligés, mais leur douleur me semblait plus modérée.

J'étais dans une grande incertitude sans concevoir ce que signifiait un pareil spectacle; Vendredi s'écria: « O maître, vous voyez hommes anglais manger prisonniers aussi bien qu'hommes sauvages : voyez eux les vouloir manger. — Non, non, dis-je, Vendredi; je crains seulement qu'ils ne les massacrent, mais sois sûr qu'ils ne les mangeront pas. » Je tremblais cependant, et j'étais pénétré d'horreur à cette vue; à chaque moment je m'attendais à les voir assassiner; je vis même une fois un de ces scélérats lever déja un grand sabre pour frapper un de ces malheureux, et je crus que je l'allais voir tomber à terre, ce qui glaça tout mon sang dans mes veines.

Dans ces circonstances je regrettai extrêmement mon Espagnol et mon vieux sauvage, et je souhaitai fort de pouvoir joindre ces indignes Anglais sans en être découvert, à la portée de fusil, pour délivrer les prisonniers de leurs cruelles mains, car je ne leur voyais point d'armes à feu; mais il plut à la Providence de me faire réussir d'une autre manière.

Pendant que ces insolents matelots rôdaient par toute l'île, comme s'ils voulaient aller à la découverte du pays, j'observai que les trois prisonniers étaient en liberté d'aller où ils voulaient; mais ils n'en eurent pas le courage: ils s'assirent à terre d'un air pensif et désespéré.

Leur triste contenance me fit souvenir de celle que j'avais eue autrefois en abordant le même rivage, me croyant perdu, tournant mes yeux de tous côtés, rempli de la crainte des bêtes sauvages, et réduit par mes frayeurs à passer une nuit entière sur un arbre.

Comme alors je ne m'étais attendu à rien moins qu'à voir notre vaisseau porté près du rivage par la tempête et par la marée, et de trouver ainsi l'occasion d'en tirer les moyens de subsister; de même ces malheureux n'avaient pas la moindre idée de la délivrance prochaine que le ciel préparait pour eux, à l'instant même où ils croyaient tout secours impossible.

La marée était justement au plus haut quand ces gens étaient venus à terre; partie en parlant à leurs prisonniers, partie en rôdant par tous les coins de l'île, ils s'étaient amusés jusqu'à ce que la mer, s'étant retirée par le reflux, eût laissé leur chaloupe à sec.

Il y restait deux hommes qui, à force de boire de l'eau-de-vie, s'étaient endormis; cependant l'un s'éveillant plus tôt que son camarade, et trouvant la chaloupe trop enfoncée dans le sable pour l'en tirer tout seul, fit approcher les autres par ses cris; mais ils n'eurent pas assez de force tous ensemble pour la tirer de là, parce qu'elle était extrêmement pesante, et que de ce côté le rivage n'était guère qu'un sable mouvant.

Voyant cette difficulté, comme de véritables gens de mer, c'est-à-dire les plus insouciants de tous les hommes, ils résolurent de n'y plus songer, et ils se mirent à parcourir l'île. J'en entendis un qui appelait un de ses camarades pour le faire venir à terre : « Hé, Jean! lui cria-t-il, laisse-la en repos si tu peux; la marée prochaine la remettra bien à flot. » Ce discours me confirma encore dans l'opinion qu'ils étaient mes compatriotes.

Pendant tout ce temps je me tins dans l'enceinte de mon château, sans aller plus loin que mon observatoire, et je m'estimai très-heureux d'avoir eu la prudence de fortifier si bien mon habitation; je savais que la chaloupe ne pouvait être à flot avant dix heures du soir, qu'alors il ferait obscur, et que je pourrais en toute sûreté entendre leurs discours.

En attendant je me préparais pour le combat, mais avec plus de précaution que jamais, persuadé que j'aurais à combattre d'autres ennemis que par le passé. J'ordonnai à Vendredi d'en faire de même, et je m'en promettais de grands secours, parce qu'il tirait avec une justesse éton nante; je lui donnai trois mousquets, et je pris moi-même deux fusils. Ma figure était effroyable: j'avais sur la tête mon terrible bonnet de peau de chèvre; à mon côté pendait mon sabre nu, et je portais deux pistolets à ma ceinture et un fusil sur chaque épaule.

Mon dessein était de ne rien entreprendre avant la nuit; mais sur les deux heures, au plus chaud du jour, je trouvai qu'ils étaient allés tous dans les bois, apparemment pour s'y reposer; et quoique les prisonniers ne fussent pas en état de dormir, je les vis couchés à l'ombre d'un grand arbre assez près de moi, et hors de la vue des autres.

Là-dessus je résolus de me découvrir à eux pour être instruit de leur situation, et dans le moment je me mis en marche, Vendredi me suivant d'assez loin, armé d'une manière aussi formidable que moi, mais ne ressemblant pas autant à un spectre.

Après que je me fus approché des prisonniers, sans être découvert, autant qu'il me fut possible, je leur dis en espagnol d'un ton élevé : « Qui êtes-vous, messieurs? » Ils ne répondirent rien, et je les vis sur le point de s'enfuir quand je me mis à leur parler anglais. « Messieurs, leur dis-je, n'ayez pas peur, peut-être avez-vous trouvé ici un ami sans vous y attendre. — Il serait donc un être envoyé du ciel, répondit un d'entre eux d'une manière grave et le chapeau à la main, car nos malheurs sont au-dessus de tout secours humain. — Tout secours est du ciel, monsieur, lui dis-je; mais ne voudriez-vous pas enseigner à un étranger le moyen de vous secourir? car vous paraissez accablés d'une grande affliction; je vous ai vus débarquer, et quand vous vous êtes entretenus avec les scélérats qui vous ont conduits ici, j'en ai vu un tirer le sabre comme s'il eût voulu vous tuer. »

Le pauvre homme tremblant, et les yeux pleins de larmes, me repartit d'un air étonné : « Parlé-je à un homme, à un Dieu, ou à un ange? — Tranquillisez-vous, monsieur, lui dis-je : si Dieu avait envoyé un ange à votre secours, il paraîtrait à vos yeux sous de meilleurs habits et avec d'autres armes. Je suis réellement un homme, je suis même un Anglais, et tout disposé à vous rendre service. Je n'ai avec moi qu'un esclave; mais nous avons des armes et des munitions; dites librement si nous pouvons vous rendre service, et expliquez-moi la nature de vos malheurs. »

« Hélas! monsieur, dit-il, le récit en serait trop long pour vous être fait pendant que nos ennemis sont si proches; il suffira de vous dire que j'ai été commandant du vaisseau que vous voyez; mes matelots se sont révoltés contre moi; peu s'en faut qu'ils ne m'aient massacré; mais, ce qui vaut presque autant, ils veulent m'abandonner dans ce désert avec ces deux hommes, dont l'un est mon contre-maître, et l'autre un passager. Nous nous sommes attendus à périr ici dans peu de jours; croyant l'île inhabitée, et nous ne sommes pas encore rassurés. »

« Mais, lui dis-je, que sont devenus vos rebelles? — Les voilà couchés, répondit-il en montrant du doigt une touffe d'arbres fort épaisse; je tremble de peur qu'ils nous aient entendus parler; car il est certain qu'ils nous massacreront tous. »

Je lui demandai si les mutins possédaient des armes à feu, et j'appris qu'ils n'avaient avec eux que deux fusils, dont un était resté dans la chaloupe. « Laissez-moi donc faire, lui répondis-je : ils sont tous endormis; rien n'est plus aisé que de les tuer, à moins que vous n'aimiez mieux les faire prisonniers. » Alors il me conta qu'il y avait parmi eux deux scélérats dont on ne pouvait rien espérer de bon, et que, si on mettait ceux-là hors d'état de nuire, il croyait que le reste retournerait facilement à son devoir; il ajouta qu'il ne pouvait me les indiquer de si loin, et qu'il était prêt à suivre mes ordres en tout. « Eh bien! dis-je, commençons par nous tirer d'ici, de peur qu'ils ne nous aperçoivent en s'éveillant, et suivez-moi vers un lieu où nous pourrons délibérer à loisir. »

Après que nous nous fûmes mis à couvert dans le bois : « Monsieur, lui dis-je, je veux hasarder tout pour votre délivrance, pourvu que vous m'accordiez deux conditions. » Il m'interrompit pour m'assurer que, si je lui rendais sa liberté et son vaisseau, il emploierait l'un et l'autre à me témoigner sa reconnaissance, et que, si je ne pouvais lui rendre que la moitié de ce service, il était résolu de vivre ou de mourir avec moi dans quelque partie du monde que je voulusse le conduire. Ses deux compagnons me donnèrent les mêmes assurances.

« Écoutez mes conditions, leur dis-je; il n'y en a que deux : 1° Pendant que vous serez dans cette île avec moi, vous renoncerez à toute sorte d'autorité, et si je vous mets les armes en main, vous me les rendrez dès que je le trouverai bon; vous serez entièrement soumis à mes ordres, sans songer jamais à me causer le moindre préjudice; 2° si nous réussissons à reprendre le vaisseau, vous me mènerez en Angleterre avec mon esclave, sans rien demander pour le passage. »

Il me le promit avec les expressions les plus fortes qu'un cœur reconnaissant puisse dicter.

Je leur donnai alors trois mousquets avec

des balles et de la poudre, et je demandai au capitaine de quelle manière il jugeait à propos de diriger cette entreprise. Il me témoigna toute la gratitude imaginable, et me dit qu'il se contenterait de suivre exactement mes ordres, et qu'il me laissait avec plaisir toute la conduite de l'affaire. Je lui répondis qu'elle me paraissait assez épineuse; que cependant le meilleur parti était, selon moi, de faire feu sur eux tous en même temps, pendant qu'ils étaient couchés, et que si quelqu'un, échappant à notre première décharge, voulait se rendre, nous pourrions lui sauver la vie.

Il me répliqua, avec beaucoup de modération, qu'il serait fâché de les tuer s'il y avait moyen de faire autrement; « mais pour les deux scélérats incorrigibles dont je vous ai parlé, continua-t-il, et qui ont été les auteurs de la révolte, s'ils nous échappent, nous sommes perdus à coup sûr, ils amèneront tout l'équipage pour nous détruire. »

« Il faut donc, repartis-je, s'en tenir à mon premier avis; une nécessité absolue rend l'action légitime. » Cependant, lui voyant toujours de l'aversion pour répandre tant de sang, je lui dis de prendre les devants avec ses compagnons, et d'agir selon les circonstances.

Au milieu de cet entretien, nous vîmes deux des mutins se lever et se retirer; je demandai au capitaine si c'étaient les chefs de la rébellion. Il me dit que non. « Eh bien donc! lui dis-je, laissons-les échapper, puisque la Providence semble les avoir éveillés exprès pour leur sauver la vie; quant aux autres, s'ils ne sont pas à vous, c'est votre faute. »

Animé par ces paroles, il s'avance, un mousquet au bras, et un pistolet à la ceinture, précédé de ses deux compagnons; le bruit de leur approche éveille un des mutins, qui se met à crier pour éveiller ses camarades, mais en même temps le contre-maître et le passager font feu tous deux; le capitaine gardant son coup avec beaucoup de prudence, et visant avec toute la justesse possible les chefs des mutins, en tue un sur la place. L'autre, dangereusement blessé, crie au secours; le capitaine le joint, lui dit qu'il n'est plus temps de demander du secours, qu'il n'a plus qu'à prier

Dieu de lui pardonner sa trahison, et l'assomme aussitôt d'un coup de crosse de fusil.

Il en restait encore trois, dont l'un était légèrement blessé; mais me voyant arriver, et sentant qu'il leur était impossible de résister, ils demandèrent quartier. Le capitaine y consentit, à condition qu'ils lui prouveraient l'horreur qu'ils devaient avoir de leur crime, en l'aidant fidèlement à recouvrer son vaisseau et à le ramener à la Jamaïque d'où il venait. Ils lui donnèrent toutes les assurances de repentir et de bonne volonté qu'il pouvait désirer, et il résolut de leur sauver la vie, ce que je ne désapprouvai pas; je l'obligeai seulement à les garder pieds et poings liés tant qu'ils seraient dans l'île.

Sur ces entrefaites j'envoyai Vendredi et le contre-maître vers la chaloupe, avec ordre d'en ôter les rames et les voiles. Les trois matelots qui s'étaient écartés de la troupe revinrent au bruit des mousquets, et voyant leur capitaine, de leur prisonnier devenu leur vainqueur, ils se soumirent à lui, et consentirent à se laisser garrotter comme les autres.

Voyant alors tous nos ennemis hors de combat, j'eus le temps de faire au capitaine le récit de mes aventures; il m'écouta avec une attention qui allait jusqu'à l'extase, et surtout la manière miraculeuse dont je m'étais pourvu de munitions et de vivres. Ce tissu de prodiges fit une forte impression sur lui; mais quand il vint à réfléchir sur son propre sort, et à considérer que la Providence ne paraissait m'avoir conservé que pour lui sauver la vie, il fut si touché, qu'il répandit un ruisseau de larmes, incapable de prononcer une seule parole.

Notre conversation finie, je le conduisis avec ses deux compagnons dans mon château; je leur donnai tous les rafraîchissements que j'étais en état de leur fournir, et je leur montrai toutes mes inventions depuis mon arrivée dans l'île.

Tout ce que je disais au capitaine, tout ce que je lui montrais, lui paraissait surprenant: il admirait surtout ma fortification, et la manière dont j'avais caché ma retraite par le moyen du bocage que j'avais planté il y avait déja vingt ans. Ce petit bois était devenu d'une épaisseur impénétrable de toutes parts, excepté du côté où je m'étais ménagé un petit passage tortueux. Je lui dis que ce qu'il voyait était mon château, le lieu de ma résidence, mais que j'avait encore, à l'exemple d'autres princes, une maison de campagne que je lui montrerais une autre fois : car pour le présent il fallait songer aux moyens de nous rendre maîtres du vaisseau. Il en convint, mais il m'avoua qu'il ne voyait pas quelles mesures il y avait à prendre. « Il y a encore, dit-il, vingt-six hommes à bord; sachant que par leur conspiration ils ont mérité de perdre la vie, ils s'y opiniâtreront par désespoir, car ils sont tous persuadés sans doute qu'en cas qu'ils se rendent ils seront pendus dès qu'ils arriveront en Angleterre, ou dans quelque colonie de la nation : le moyen donc de songer à les attaquer avec un nombre si fort inférieur au leur ? »

Je ne trouvai ce raisonnement que trop juste, et je vis qu'il n'y avait rien à faire, sinon de tendre quelque piége à l'équipage, et de l'empêcher au moins de débarquer et de nous détruire. J'étais sûr qu'en peu de temps les gens du vaisseau, étonnés du retardement de leurs camarades, mettraient leur autre chaloupe en mer, pour venir voir ce qu'ils étaient devenus, et je craignais fort qu'ils ne vinssent armés en trop grand nombre pour que nous pussions leur résister.

Je dis au capitaine que la première chose que nous avions à faire c'était de couler la chaloupe à fond, afin qu'ils ne pussent l'emmener, ce qu'il approuva. Nous mîmes aussitôt la main à l'œuvre, en commençant par ôter tout ce qui y restait, c'est-à-dire une bouteille d'eau-de-vie, et une autre pleine de rum, quelques biscuits, un cornet rempli de poudre, et un pain de sucre d'environ six livres, enveloppé d'une pièce de canevas. L'eau-de-vie et le sucre me furent très-agréables, car j'avais presque eu le temps d'en oublier le goût.

Après avoir porté ces objets à terre, nous fîmes un grand trou au fond de la chaloupe. A dire la vérité, je ne pensais guère sérieusement à recouvrer le vaisseau : ma seule vue était, en cas qu'ils partissent en nous laissant la chaloupe, de la réparer, et de la mettre en état de nous mener vers mes amis les Espagnols, dont je n'avais pas perdu l'idée.

Non contents d'avoir fait à la chaloupe un troû assez grand pour qu'il ne fût pas possible de le boucher en peu de temps, nous mîmes toutes nos forces à la pousser assez avant sur le rivage, afin que la marée même ne pût la mettre à flot. Au milieu de cette occupation pénible, nous entendîmes un coup de canon, et nous vîmes en même temps sur le vaisseau le signal ordinaire pour faire venir la chaloupe à bord; mais ils avaient beau multiplier les signaux et redoubler leurs coups de canon, la chaloupe n'avait garde d'obéir.

Dans le même instant nous les vîmes, par le moyen de nos lunettes, mettre leur autre chaloupe en mer, et se diriger vers le rivage à force de rames; quand ils furent à la portée de notre vue, nous aperçûmes distinctement qu'ils étaient au nombre de dix, et qu'ils avaient des armes à feu. Nous pûmes distinguer jusqu'aux traits de leurs visages pendant assez long-temps, parce qu'ayant dérivé par la marée, ils furent obligés de suivre le rivage pour débarquer dans le même endroit où avait abordé la première chaloupe.

De cette manière le capitaine pouvait les examiner à loisir; il n'y manqua pas, et il me dit qu'il voyait parmi eux trois fort braves garçons, et qu'il était sûr que les autres les avaient entraînés par force dans la conspiration; mais que pour le bosseman (1), qui commandait la chaloupe, et pour les autres, c'étaient les plus grands scélérats de tout l'équipage, qui n'auraient garde de se désister de leur entreprise, et qu'il craignait bien qu'ils ne fussent trop forts pour nous.

Je lui répondis, en souriant, que dans notre situation nous devions être au-dessus de la peur; que voyant presque toutes les conditions meilleures que la nôtre, il fallait considérer la mort même comme une espèce de délivrance; et qu'une vie comme la mienne, qui avait été sujette à tant de revers, méritait

(1) Second capitaine d'un vaisseau, particulièrement chargé de l'ancre et des cordages.

bien que je hasardasse quelque chose pour la rendre plus heureuse. « Qu'est devenue, continuai-je, votre persuasion que la Providence ne m'avait conservé ici que pour vous sauver la vie? Ayez bon courage; je ne vois pour nous, dans toute cette affaire, qu'une seule circonstance embarrassante.—Laquelle donc? me dit-il. —C'est, répondis-je, qu'il y a parmi cette petite troupe quelques honnêtes gens qu'il faut songer à conserver. S'ils étaient tous les plus grands scélérats de l'équipage, je croirais que la Providence les aurait séparés du reste pour les livrer entre nos mains; car, fiez-vous-en à moi, tout ce qui débarquera doit tomber en notre pouvoir, et nous serons maîtres de leur vie et de leur mort. »

Ces paroles, prononcées d'une voix ferme et avec une contenance gaie, lui rendirent le courage; et il se mit à m'aider vigoureusement à faire nos préparatifs. A la première apparence de la chaloupe qui venait à nous, nous avions déja songé à séparer nos prisonniers, et à les mettre en lieu sûr.

Il y en avait deux dont le capitaine était

moins assuré que des autres; je les avais fait conduire par Vendredi et par un compagnon du capitaine, dans ma grotte, d'où ils n'avaient garde de se faire voir ou de se faire entendre, ni de trouver le chemin au travers des bois, quand même ils parviendraient à se débarrasser de leurs liens. Je leur avais donné quelques provisions, en les assurant que s'ils se tenaient en repos, je les remettrais dans quelques jours en pleine liberté; mais que s'ils faisaient la moindre tentative pour se sauver, il n'y aurait point de quartier pour eux. Ils me promirent de souffrir leur prison patiemment, et ils me marquèrent une vive reconnaissance de la bonté que j'avais de leur donner des provisions et de la lumière, car Vendredi leur avait laissé quelques chandelles : ils s'imaginaient qu'il devait rester en sentinelle devant la grotte.

Nos autres prisonniers se trouvaient plus heureux : à la vérité, nous en avions garrotté deux qui étaient encore suspects; mais pour les deux autres, je les avais pris à mon service, à la recommandation du capitaine, et sur leur serment solennel de nous être fidèles jusqu'à la mort. De cette manière, nous étions sept bien armés, et j'étais persuadé que nous étions en état de venir à bout de nos ennemis, surtout à cause des honnêtes gens que le capitaine m'assurait avoir découverts parmi eux.

Dès qu'ils furent débarqués, ils poussèrent leur chaloupe sur le sable, et, la quittant tous en même temps, ils la tirèrent après eux sur le rivage, ce qui me fit plaisir; car je craignais qu'ils ne la laissassent à l'ancre, à quelque distance, avec quelques-uns d'entre eux pour la garder, et qu'ainsi il nous fût impossible de nous en saisir.

La première chose qu'ils firent fut de courir vers la chaloupe échouée, et nous nous aperçûmes aisément de leur surprise en la voyant percée par le fond, et dépouillée de ses agrès. Un moment après ils poussèrent tous en même temps deux ou trois grands cris pour se faire entendre de leurs compagnons; mais voyant que c'était peine perdue, ils se mirent en cercle, et firent une décharge générale de leurs armes, dont le bruit fit retentir tout le bois; nous étions bien sûrs pourtant que les prisonniers de la grotte ne l'entendaient pas, et que ceux que nous gardions nous-mêmes n'avaient pas le courage d'y répondre.

Les rebelles, ne recevant pas le moindre signe de vie de la part de leurs compagnons, étaient dans une telle surprise, qu'ils prirent la résolution de retourner tous à bord du vaisseau, pour y raconter que l'esquif était coulé à fond, et que leurs camarades devaient être massacrés. Aussi les aperçûmes-nous lancer leur chaloupe en mer, et y entrer tous.

A peine avaient-ils quitté le rivage, que nous les vîmes revenir, après avoir délibéré apparemment sur quelques nouvelles mesures pour trouver leurs compagnons; il en resta trois dans la chaloupe, et les autres entrèrent dans le pays pour aller à la découverte.

Je considérais le parti qu'ils venaient de prendre comme un grand inconvénient pour nous; en vain nous rendrions-nous maîtres de sept qui étaient à terre si la chaloupe nous échappait, car ceux qui restaient dedans auraient regagné certainement leur navire, qui n'aurait pas manqué de faire voile, ce qui nous eût ôté toute possibilité de le recouvrer.

Cependant le mal était sans remède, d'autant plus que nous vîmes la barque s'éloigner du rivage, et jeter à l'ancre quelque distance de là. Tout ce qui nous restait à faire, c'était d'attendre l'événement.

Les sept qui étaient débarqués se tenaient serrés en marchant de front du côté de la colline sous laquelle était mon habitation, et nous pouvions les voir clairement sans être aperçus. Nous souhaitions bien qu'ils approchassent davantage, afin de faire feu sur eux, ou bien qu'ils s'éloignassent pour que nous pussions sortir de notre retraite sans être découverts.

Quand ils furent au haut de la colline, d'où ils pouvaient découvrir une grande partie des bois et des vallées de l'île, surtout du côté du nord-est, où le terrain est le plus bas, ils se mirent de nouveau à crier jusqu'à n'en pouvoir plus, et n'osant sans doute se hasarder à pénétrer dans le pays plus avant, ils s'assirent pour consulter ensemble. S'ils avaient trouvé bon de s'endormir, comme avait fait le premier parti que nous avions défait, ils nous auraient rendu un bon service; mais ils étaient trop remplis de frayeur pour le risquer, quoique assurément ils n'eussent aucune idée du danger qui les menaçait.

Le capitaine, croyant deviner le sujet de leur délibération, et s'imaginant qu'ils allaient risquer une seconde décharge pour se faire entendre de leurs camarades, me proposa de tomber sur eux tous à la fois dès qu'ils auraient tiré, et de les forcer à se rendre sans répandre du sang. Je goûtai fort ce conseil, pourvu qu'il fût exécuté avec justesse, et que nous fussions assez près d'eux pour qu'ils n'eussent pas le temps de recharger leurs armes.

Mais ce dessein s'évanouit faute d'occasion, et nous fûmes fort long-temps sans savoir quel parti prendre. Enfin je dis qu'il n'y avait rien à faire avant la nuit, et que, si alors ils n'étaient pas rembarqués, nous pourrions trouver le moyen d'attirer à terre ceux qui étaient dans la chaloupe, et ensuite de les attaquer et de les vaincre.

Après avoir attendu long temps le résultat de leur délibération, nous les vîmes, à notre grand regret, se lever et marcher vers la mer : ils avaient apparemment une idée si affreuse des dangers qui les attendaient dans cet endroit, qu'ils étaient résolus, comptant leurs compagnons perdus sans ressource, de retourner à bord du vaisseau et de poursuivre leur voyage.

Le capitaine, voyant qu'ils s'en retournaient sérieusement, en était au désespoir; mais je m'avisai d'un stratagème pour les faire revenir sur leurs pas, et le succès répondit exactement à mes vues.

J'ordonnai au contre-maître et à Vendredi de passer la petite baie du côté de l'ouest, vers l'endroit où j'avais sauvé le dernier de la fureur de ses ennemis: je leur recommandai qu'aussitôt qu'ils seraient parvenus à quelque colline, ils se missent à crier de toutes leurs forces; qu'ils restassent là jusqu'à ce qu'ils fussent assurés d'avoir été entendus par les matelots, et qu'ils poussassent un nouveau cri dès que les autres leur auraient répondu: qu'ensuite se tenant toujours hors de la vue de ces gens, ils tournassent en cercle, en continuant de pousser des cris de chaque colline qu'ils rencontreraient, afin de les attirer par-là bien avant dans les bois, et qu'enfin ils revinssent à moi par les chemins que je leur indiquais.

Les rebelles mettaient justement le pied dans la chaloupe quand les nôtres poussèrent le premier cri. Ils l'entendirent d'abord, et courant vers le rivage du côté de l'ouest, d'où ils avaient entendu la voix, ils furent arrêtés par la baie, qu'il leur fut impossible de passer à cause de la hauteur des eaux : ce qui les porta à y faire venir la chaloupe, comme je l'avais prévu.

Quand elle les eut mis de l'autre côté, j'observai qu'ils la faisaient monter plus haut dans la baie, comme dans une bonne rade, et qu'un des matelots en sortait, n'y laissant que deux de ses compagnons, qui attachèrent la barque au tronc d'un arbre.

C'était justement ce que je souhaitais, et laissant Vendredi et le contre-maître exécuter tranquillement mes ordres, je pris les autres avec moi, et, faisant un détour pour venir de l'autre côté de la baie, nous surprîmes ceux de la chaloupe à l'improviste. L'un y était resté ; nous trouvâmes l'autre couché sur le sable : le capitaine, qui était le plus avancé, sauta sur lui, lui cassa la tête d'un coup de crosse, et cria ensuite à celui qui était dans l'esquif de se rendre, ou qu'il était mort. Il ne fallut pas beaucoup de peine pour l'y résoudre; il se voyait arrêté par cinq hommes, son camarade était assommé, et d'ailleurs c'était un de ceux dont le capitaine m'avait dit du bien; aussi ne se rendit-il pas seulement, mais encore il s'engagea avec nous, et nous servit très-fidèlement.

Pendant ce temps, Vendredi et le contremaître remplirent si bien leur mission, qu'en criant et en répondant aux cris des mutins, ils les menèrent de colline en colline, jusqu'à ce qu'ils fussent sur les dents. Ils ne les laissèrent en repos qu'après les avoir attirés assez avant dans les bois pour qu'ils ne pussent regagner leur chaloupe avant qu'il fît tout-à-fait obscur.

Ils étaient bien fatigués eux-mêmes en revenant à moi; il est vrai qu'ils avaient du temps pour se reposer, puisque le plus sûr pour nous était d'attaquer les ennemis pendant l'obscurité.

Ceux-ci ne revinrent à leur chaloupe que quelques heures après le retour de Vendredi, et nous pouvions entendre distinctement les plus avancés crier aux autres de se presser; et ces derniers répondaient qu'ils étaient à moitié morts de lassitude, nouvelle fort agréable pour nous.

Il n'est pas possible d'exprimer quel fut leur étonnement quand ils virent la marée écoulée, la chaloupe engagée dans le sable et sans gardes.

Ils se mirent à crier de nouveau, et appelèrent leurs deux camarades par leurs noms; mais point de réponse. Nous les vîmes alors, par le peu de jour qui restait encore, courir çà et là, et se tordre les mains comme des gens désespérés. Tantôt ils entraient dans la chaloupe pour s'y reposer, tantôt ils en sortaient pour courir sur le rivage, et ils continuèrent ce manége sans relâche pendant quelque temps.

Mes gens avaient grande envie de les attaquer tous ensemble; mais mon dessein était de les prendre à mon avantage, afin d'en tuer le moins qu'il me serait possible, et de ne pas hasarder la vie d'un seul d'entre nous. Je résolus donc d'attendre, dans l'espérance qu'ils se sépare raient, et, pour qu'ils ne s'échappassent point, je fis approcher davantage mon embuscade, et j'ordonnai à Vendredi et au capitaine de se traîner à quatre pieds, pour se placer aussi près d'eux qu'il serait possible sans se découvrir.

Ils n'avaient pas été long-temps dans cette position, quand le bosseman, chef principal de la mutinerie, et qui se montrait dans son malheur plus lâche et plus désespéré qu'aucun autre, tourna ses pas vers ce côté-là. Le capitaine était tellement animé contre ce scélérat, qu'il avait de la peine à le laisser approcher assez pour être sûr de ne pas le manquer : il se retint pourtant; mais, après s'être donné encore un peu de patience, il se lève tout-à-coup et fait feu dessus.

Le bosseman fut tué sur la place, un autre blessé dans le ventre, mais il n'en mourut que deux heures après, et le troisième se sauva.

Au bruit de ces coups, j'avançai brusquement avec toute mon armée qui consistait en huit hommes. J'étais moi-même généralissime, Vendredi était mon lieutenant-général, et nous avions pour soldats le capitaine avec ses deux compagnons, et les trois prisonniers auxquels j'avais confié des armes.

La nuit était fort obscure, de manière qu'il leur fut impossible de connaître notre nombre; en conséquence, j'ordonnai à celui que nous avions trouvé dans l'esquif, et qui était alors un de mes soldats, de les appeler par leurs noms, pour savoir s'ils voulaient capituler; ce qui me réussit, comme il est aisé de le croire.

Il se mit donc à crier: « Thomas Smith! Thomas Smith! » Celui-là répondit d'abord: « Est-ce toi, Jackson? » car il le reconnut à la voix. « Oui, oui, repartit l'autre. — Au nom de Dieu, Thomas, mettez bas les armes, et rendez-vous, ou vous êtes morts. »

« A qui faut-il nous rendre? dit Smith; où sont-ils? — Ils sont ici, répondit Jackson; c'est notre capitaine avec cinquante hommes qui vous a cherchés déja pendant deux heures. Le bosseman est tué, Guillaume Frie est blessé dangereusement; je suis prisonnier de guerre, et, si vous ne voulez pas vous rendre, vous êtes tous perdus. »

« Y aura-t-il quartier, répliqua Smith, si

nous mettons les armes bas? — Je m'en vais le demander au capitaine, » dit Jackson. Le capitaine se mit alors à parler lui-même à Smith. « Vous connaissez ma voix, lui cria-t-il; si vous jetez vos armes, vous aurez tous la vie sauve, excepté Guillaume Atkins. — Au nom de Dieu, capitaine, s'écrie Atkins, donnez-moi quartier! Qu'ai-je fait plus que les autres? Ils sont aussi coupables que moi. » Il ne disait pas la vérité, car il avait été le premier à maltraiter le capitaine; il lui avait lié les mains en lui adressant les injures les plus outrageantes.

Le capitaine lui dit qu'il ne lui promettait rien, qu'il devait se rendre à discrétion, et avoir recours à la bonté du gouverneur. C'était moi qu'il désignait par ce beau titre.

Ils mirent les armes bas, demandant la vie. J'envoyai Vendredi et deux autres pour les lier tous; ensuite ma grande armée prétendue de cinquante hommes, qui réellement n'était que de huit, s'avança et se saisit d'eux et de leur chaloupe. Pour moi, je me tins à l'écart avec un seul des miens, pour raison d'état.

Le capitaine eut le loisir alors de parler avec

les prisonniers. Il leur reprocha fortement leur trahison, les autres mauvaises actions dont elle aurait été sans doute suivie, et qui sûrement les auraient entraînés dans les derniers malheurs, et enfin conduits à la potence.

Ils parurent tous fort repentants, et demandèrent la vie d'un air très-soumis. Il leur répondit qu'ils n'étaient pas ses prisonniers, mais ceux du gouverneur de l'île. « Vous avez cru, continua-t-il, me reléguer dans une île déserte; mais il a plu à Dieu de vous diriger d'une telle manière, que cet endroit se trouve habité et même gouverné par un Anglais. Ce gouverneur est le maître de vous perdre tous; mais, vous ayant donné quartier, il pourrait bien vous envoyer en Angleterre, pour être livrés entre les mains de la justice, excepté Atkins, à qui j'ai ordre de dire, de sa part, de se préparer à la mort, car il doit être pendu demain matin. »

Cette fiction produisit tout l'effet imaginable; Atkins se jeta à genoux afin de prier le capitaine d'intercéder pour lui auprès du gouverneur, et les autres le conjurèrent, au nom de Dieu, de faire en sorte qu'ils ne fussent pas envoyés en Angleterre.

Comme je m'étais mis dans l'esprit que le temps de ma délivrance allait venir, je me persuadai que tous ces matelots pourraient être portés aisément à s'employer de tout leur cœur à recouvrer le vaisseau. Pour les tromper davantage, je m'éloignai d'eux, afin de ne leur pas faire voir quel personnage ils avaient pour gouverneur. J'ordonnai alors qu'on fît venir le capitaine, et là-dessus un de mes gens, qui était à quelque distance de moi, se mit à crier : « Capitaine, le gouverneur veut vous parler. — Dites à son excellence, répondit d'abord le capitaine, que je vais à elle dans le moment. » Ils donnèrent dans le piége à merveille, et ne doutèrent pas un moment que le gouverneur ne fût près de là avec ses cinquante soldats.

Quand le capitaine fut venu, je lui communiquai le dessein que j'avais formé pour nous emparer du vaisseau. Il l'approuva fort, et résolut de le mettre à exécution le lendemain. Pour nous y prendre d'une manière plus sûre, je crus qu'il fallait séparer nos prisonniers, et j'ordonnai au capitaine et à ses deux compagnons de saisir Atkins avec deux autres des plus criminels de la troupe, pour les mener dans la grotte, où il y en avait déja deux autres, et qui certainement n'était pas un lieu fort agréable, surtout pour des gens effrayés.

J'envoyai le reste à ma maison de campagne, qui était entourée d'un enclos; et, comme ils étaient garrottés et que leur sort dépendait de leur conduite, je pouvais être sûr qu'ils ne m'échapperaient pas.

Ce fut à ceux-là que j'envoyai le lendemain le capitaine, pour tâcher d'approfondir leurs sentiments, et pour voir s'il était de la prudence de les employer dans l'exécution de notre projet. Il leur parla et de leur mauvaise conduite, et du triste sort où elle les avait réduits; il leur répéta que, quoique le gouverneur leur eût donné quartier, ils ne laisseraient pas d'être certainement pendus si on les envoyait en Angleterre. « Cependant, ajouta-t-il, si vous voulez me promettre de m'aider fidèlement dans une entreprise aussi juste que celle de m'emparer de mon vaisseau, le gouverneur s'engagera formellement à obtenir votre pardon. »

On peut juger quel effet une pareille proposition devait produire sur ces malheureux. Ils se mirent à genoux devant le capitaine, et lui promirent, avec les plus horribles imprécations, qu'ils lui seraient fidèles jusqu'à la dernière goutte de leur sang, qu'ils le suivraient partout où il voudrait les mener, et qu'ils le considéreraient toujours comme leur père, puisqu'ils lui seraient redevables de la vie.

« Eh bien, dit le capitaine, je m'en vais communiquer vos promesses au gouverneur, et je ferai tous mes efforts pour vous le rendre favorable. » Il me vint rapporter leur réponse, en ajoutant qu'il ne doutait pas de leur sincérité.

Cependant, afin de ne rien négliger pour notre sûreté, je le priai de retourner, et de leur dire qu'il consentait à en choisir cinq d'entre eux pour les employer dans son entreprise; mais que le gouverneur garderait comme otages les deux autres, avec les trois prisonniers qu'il avait dans son château, et qu'il ferait pendre sur le bord de la mer ces cinq otages, si leurs camarades étaient assez perfides pour manquer à leurs serments.

Il y avait là un air de sévérité qui faisait voir que le gouverneur ne badinait pas. Les cinq dont il s'agissait acceptèrent ce parti avec joie, et c'était autant l'intérêt des otages que du capitaine de les exhorter à faire leur devoir.

Tel était l'état des forces que nous avions alors : 1° le capitaine, son contre-maître et son passager; 2° deux prisonniers faits dans la première rencontre, auxquels, à la recommandation du capitaine, j'avais donné la liberté et mis les armes à la main ; 3° les deux que j'avais tenus jusqu'alors garrottés dans ma maison de campagne, mais que je venais de relâcher à la prière du capitaine; 4° les cinq que j'avais mis en liberté les derniers. Selon ce calcul, ils étaient douze en tout, outre les cinq otages.

C'était là tout ce que le capitaine pouvait employer pour se rendre maître du vaisseau; car, pour Vendredi et moi, nous ne pouvions abandonner l'île, où nous avions sept prisonniers que nous devions tenir séparés et pourvoir de vivres.

Quant aux cinq otages qui étaient dans la grotte, je trouvai bon de les tenir garrottés; mais Vendredi avait ordre de leur apporter à manger deux fois par jour. Pour les deux autres, je les employai à porter les provisions à une certaine distance où Vendredi devait les recevoir d'eux.

La première fois que je m'étais montré à ces derniers, c'était en compagnie du capitaine, qui leur dit que j'étais l'homme que le gouverneur avait destiné pour avoir l'œil sur leur conduite, avec ordre à eux de n'aller nulle part sans ma permission, sous peine d'être menés dans le château et mis aux fers.

Comme ils ne me connaissaient pas en qualité de gouverneur, je pouvais jouer un autre personnage devant eux, ce que je fis à merveille, en parlant toujours avec beaucoup d'ostentation du château, du gouverneur et de la garnison.

La seule chose qui restait encore à faire au capitaine pour se mettre en état d'exécuter son dessein, c'était d'agréer les deux chaloupes et de les équiper. Dans l'une il mit son passager pour capitaine avec quatre hommes. Il monta lui-même dans l'autre avec son contre-maître et cinq autres matelots, et il conduisit parfaitement son entreprise.

Il était environ minuit quand il découvrit le vaisseau, et dès qu'il l'aperçoit à la portée de la voix, il ordonne à Jackson de crier, et de dire à l'équipage qu'ils amenaient la première chaloupe avec les matelots, mais qu'ils avaient été long-temps avant que de les trouver. Jackson amusa les mutins de ces discours et d'autres semblables jusqu'à ce que l'esquif fût sous le navire. Le capitaine et le contre-maître y montèrent les premiers avec leurs armes; ils assommèrent d'abord à coups de crosse le second maître et le charpentier; et, fidèlement secondés par les autres, ils se rendirent maîtres de tout ce qu'ils trouvèrent sur les ponts. Ils étaient déja occupés à fermer les écoutilles, afin d'empêcher ceux d'en-bas de venir au secours de leurs camarades, lorsque les gens de la seconde chaloupe montèrent du côté de la proue, nettoyèrent tout le château d'avant, et s'emparèrent de l'écoutille qui menait à la chambre du cuisinier, où ils firent prisonniers trois des mutins.

Ainsi maître de tout le tillac, le capitaine commanda au contre-maître de prendre trois hommes avec lui et de forcer la chambre où était le nouveau commandant. Celui-ci ayant pris l'alarme, s'était levé, et, assisté de trois matelots, s'était saisi d'armes à feu. Dès que le contre-maître eut ouvert la porte par le moyen d'un levier, ces quatre rebelles firent feu sur lui et ses compagnons sans en tuer un seul, mais ils en blessèrent deux légèrement et cassèrent un bras au contre-maître, qui ne laissa pas, tout blessé qu'il était, de brûler la cervelle au nouveau capitaine d'un coup de pistolet. La balle lui entra dans la bouche et sortit derrière l'oreille; ses compagnons le voyant mort, prirent le parti de se rendre. Le combat finit là, et le capitaine recouvra son vaisseau sans être obligé de répandre plus de sang.

Il m'instruisit d'abord du succès de son entreprise en faisant tirer sept coups de canon, ce qui était le signal dont nous étions convenus ensemble. On peut juger si j'étais charmé de les entendre, puisque je m'étais tenu sur le rivage depuis le départ des chaloupes jusqu'à deux heures après minuit.

Dès que je fus sûr de cette heureuse nouvelle, je me mis au lit; et, m'étant extrêmement fatigué le jour précédent, je dormis profondément jusqu'à ce que je fus réveillé par un nouveau coup de canon : à peine me fus-je levé pour en apprendre la cause, que je m'entendis appeler par mon titre de gouverneur. Je reconnus d'abord la voix du capitaine, et dès que je fus monté au haut du rocher, où il m'attendait, il me serra dans ses bras de la manière la plus affectueuse, et tendant la main vers le vaisseau : « Mon cher ami, me dit-il, mon cher libérateur, voilà votre vaisseau; il vous appartient aussi bien que nous et tout ce que nous possédons. »

Alors je tournai les yeux vers la mer, et je vis effectivement le vaisseau qui était à l'ancre à un petit quart de lieue du rivage : le capitaine avait fait voile dès qu'il eut exécuté son entreprise ; et comme le temps était beau, il avait pu conduire le bâtiment jusqu'à l'embouchure de ma petite baie ; la marée étant haute alors, il était venu avec sa pinasse (1) pour ainsi dire jusqu'à ma porte.

Je considérai alors ma délivrance comme assurée. Les moyens en étaient aisés : un bon vaisseau m'attendait pour me conduire où je le jugerais à propos. Mais j'étais tellement saisi de la joie que me donnait un bonheur si inespéré, que je fus long-temps hors d'état de prononcer une parole, et je me serais évanoui si les embrassements du capitaine ne m'eussent soutenu.

Me voyant près de tomber en faiblesse, il me fit prendre un verre d'une liqueur cordiale, qu'il avait apportée exprès pour moi. Après avoir bu, je me mis à terre, je revins à moi peu à peu ; mais je fus encore assez long-temps avant que de pouvoir parler.

Il n'était pas moins ravi de joie que moi,

(1) Petit bâtiment qui va à voiles et à rames.

quoiqu'il n'en sentît pas les mêmes effets; il me dit, pour me tranquilliser, une infinité de choses tendres et obligeantes qui firent enfin cesser mon extase par un ruisseau de larmes, et peu après je repris l'usage de la parole.

Je l'embrassai alors à mon tour comme mon libérateur, en lui disant que je le regardais comme un envoyé du ciel, et que je trouvais dans tout le cours de notre aventure un enchaînement de merveilles propres à démontrer évidemment que l'univers est gouverné par une providence qui fait trouver des ressources inespérées dans les coins les plus reculés du monde aux malheureux qu'elle veut honorer des marques de sa bonté infinie.

Après des félicitations mutuelles, le capitaine me dit qu'il avait apporté quelques rafraîchissements, tels qu'un vaisseau en pouvait fournir, et surtout un vaisseau qui venait d'être pillé par des mutins. Là-dessus il cria aux gens de sa chaloupe de mettre à terre les présents destinés pour le gouverneur : et, en vérité, c'était un vrai présent pour un gouverneur, et un gouverneur qui devait rester dans l'île, et non près de s'embarquer, comme c'était ma résolution.

Ce présent consistait en un petit cabaret rempli de quelques bouteilles d'eau cordiale, six bouteilles de vin de Madère, chacune de deux bonnes pintes, deux livres d'excellent tabac, deux grandes pièces de bœuf, six pièces de cochon, un sac de pois, et environ cent livres de biscuit. Il y avait en outre une boîte de sucre et une autre remplie de muscade, deux bouteilles de jus de limon, et un grand nombre d'autres choses utiles et agréables. Mais ce qui me fit infiniment plus de plaisir, c'était six chemises toutes neuves, autant de cravates fort bonnes, deux paires de gants, une paire de souliers, une paire de bas, un chapeau, et un habit complet tiré de sa propre garde-robe, et qu'il n'avait guère porté. En un mot, il m'apporta tout ce qu'il me fallait pour m'équiper jusqu'à la tête. On s'imaginera sans peine quel air je devais avoir dans ces habits, et quelle incommodité ils me causèrent la première fois que je les mis, après m'en être passé pendant un si grand nombre d'années.

Je fis porter tous ces présents dans ma demeure, et je me mis à délibérer avec le capitaine sur ce que nous devions faire de nos prisonniers : la chose en valait la peine, surtout à l'égard des deux chefs des mutins, dont nous connaissions la méchanceté incorrigible. Le capitaine m'assura que les bienfaits étaient aussi peu capables de les réduire que les punitions, et que s'il s'en chargeait, ce ne serait que pour les conduire, les fers aux pieds, en Angleterre ou à la première colonie anglaise, afin de les mettre entre les mains de la justice. Comme je voyais le capitaine assez humain pour ne prendre ce parti qu'à regret, je lui dis que je savais un moyen de porter ces deux scélérats à lui demander comme une grace la permission de demeurer dans l'île, et il y consentit de tout son cœur.

J'envoyai là-dessus Vendredi et deux des otages que je venais de mettre en liberté, parce que leurs compagnons avaient fait leur devoir; je les envoyai, dis-je, à la grotte pour amener les cinq matelots garrottés à ma maison de campagne, et pour les y garder jusqu'à mon arrivée.

J'y vins quelque temps après, paré de mon habit neuf, en compagnie du capitaine; et c'est alors qu'on me traita de gouverneur ouvertement. Je me fis d'abord amener les prisonniers, et je leur dis, avec un air de sévérité, que j'étais parfaitement instruit de leur conspiration contre le capitaine, et des mesures qu'ils avaient prises ensemble pour commettre des pirateries avec le vaisseau dont ils s'étaient emparés; mais que, par bonheur, ils étaient tombés eux-mêmes dans l'abîme qu'ils avaient creusé pour les autres, puisque le vaisseau venait d'être recouvré par ma direction, et qu'ils verraient dans le moment leur prétendu capitaine, pour prix de sa trahison, pendu à la grande vergue; que, quant à eux, je voudrais bien savoir quelles raisons assez fortes ils avaient à m'alléguer pour m'empêcher de les punir, comme j'étais en droit de le faire, en qualité de pirates pris sur le fait.

Un d'eux me répondit qu'ils n'avaient rien à dire en leur faveur, sinon que le capitaine, en les prenant, leur avait promis la vie, et qu'ils demandaient grace. Je leur repartis que je ne savais pas trop bien quelle grace j'étais en état de leur faire, puisque j'allais quitter l'île et m'embarquer pour l'Angleterre; et qu'à l'égard du capitaine, il ne pouvait les emmener que garrottés, et dans le dessein de les livrer à la justice comme mutins et comme pirates, ce qui les conduirait tout droit à la potence; qu'ainsi je ne trouvais pas de meilleur parti pour eux que de rester dans l'île, que j'avais permission d'abandonner avec tous mes gens; et que j'étais assez porté à leur pardonner, s'ils voulaient se contenter du sort qu'ils pouvaient s'y ménager.

Ils parurent recevoir ma proposition avec reconnaissance, en me disant qu'ils préféraient infiniment ce séjour à la destinée qui les attendait en Angleterre; mais le capitaine fit semblant de ne la point approuver, et de ne pas oser y consentir: alors j'affectai de lui dire d'un air piqué qu'ils étaient mes prisonniers, et non les siens ; que, leur ayant offert leur grace, je n'étais pas homme à leur manquer de parole ; et que, s'il y trouvait à redire, je les remettrais en liberté comme je les avais trouvés, permis à lui de courir après eux et de les attraper s'il pouvait.

Je le fis comme je l'avais dit, et, leur ayant ôté les liens, je leur dis de gagner les bois, et je leur promis de leur laisser des armes à feu, des munitions, et les instructions nécessaires pour vivre à leur aise s'ils voulaient les suivre. Ensuite je communiquai au capitaine mon dessein de rester encore cette nuit dans l'île afin de préparer tout pour mon voyage, et je le priai de retourner cependant au vaisseau pour y tenir tout en ordre, et d'envoyer le lendemain sa chaloupe. Je l'avertis aussi de ne pas manquer de faire pendre à la vergue le nouveau capitaine qui avait été tué, afin que nos prisonniers pussent l'y voir.

Dès que le capitaine fut parti, je les fis venir à mon habitation, et j'entrai dans une conversation très-sérieuse touchant leur situation. Je les louai du parti qu'ils avaient pris, puisque le capitaine, s'il les avait amenés à bord du vaisseau, les aurait fait pendre certainement aussi bien que leur chef, que je leur montrai attaché à la grande vergue.

Quand je les vis déterminés à rester dans l'île, je leur donnai tous les détails nécessaires sur la manière de faire du pain, d'ensemencer les terres et de sécher les raisins; en un mot, je les instruisis de tout ce qui pouvait rendre leur vie agréable et commode. Je leur parlai encore des seize Espagnols qu'ils devaient attendre, et pour lesquels je leur laissai une lettre, en leur faisant promettre de vivre avec eux en bonne amitié.

Je leur laissai mes armes; savoir, mes mousquets, trois fusils de chasse et trois sabres; de plus je possédais encore un baril et demi de poudre, car j'en avais consommé fort peu. Je leur enseignai aussi la manière d'élever les chèvres, de les traire, de les engraisser, et de faire du beurre et du fromage. De plus, je leur promis de faire en sorte que le capitaine leur laissât une plus grande provision de poudre et quelques graines potagères dont j'aurais été ravi d'être fourni moi-même quand j'étais dans leur cas. Je leur fis encore présent d'un sac plein de pois que le capitaine m'avait donné, et leur expliquai jusqu'à quel point ils se multiplieraient s'ils avaient soin de les semer.

Le jour d'après je les quittai, et je m'embarquai; mais nous ne pûmes faire voile ce jour-là ni la nuit suivante. Il était environ cinq heures du matin quand nous vîmes deux de ceux que nous avions laissés dans l'île venant à la nage, et priant, au nom de Dieu, qu'on leur permît d'entrer dans le vaisseau, quand ils devraient être pendus un quart d'heure après, puisque certainement les trois autres scélérats les massacreraient s'ils restaient parmi eux.

Le capitaine fit quelques difficultés de les recevoir, sous prétexte qu'il n'en avait pas le pouvoir sans moi; mais il se laissa gagner à la fin par les belles promesses qu'ils lui firent de se bien conduire, et effectivement ils devinrent de fort braves garçons.

Quelque temps après, la chaloupe fut envoyée à terre avec les provisions que le capitaine avait promises aux exilés, et auxquelles il avait fait ajouter en ma faveur leurs coffres et leurs habits, qu'ils reçurent avec beaucoup de gratitude.

En disant adieu à mon île, je pris avec moi mon grand bonnet de peau de chèvre, mon parasol et mon perroquet; je n'oubliai pas non plus l'argent dont j'ai fait mention, et qui était resté enfoui si long-temps qu'il était tout rouillé, sans pouvoir être reconnu pour ce que c'était avant d'avoir été frotté; je n'y laissai pas non plus la petite somme que j'avais tirée du vaisseau espagnol naufragé.

C'est ainsi que j'abandonnai mon île, le 19 décembre de l'an 1686, selon le calcul du vaisseau, après un séjour de vingt-huit ans deux mois et dix-neuf jours, délivré de cette triste vie le même jour que je m'étais échappé autrefois de la captivité des Maures de Salé. Mon voyage fut heureux; j'arrivai en Angleterre le 11 de juin de l'an 1687, après avoir été hors de ma patrie trente-cinq ans.

Quand j'arrivai dans mon pays natal, je m'y

trouvai aussi étranger que si jamais je n'y eusse mis les pieds. Ma fidèle gouvernante, à qui j'avais confié mon petit trésor, vivait encore; mais elle avait éprouvé de grands malheurs, et elle était devenue veuve pour la seconde fois. Je la soulageai beaucoup par rapport à l'inquiétude qu'elle avait sur ce dont elle m'était redevable, et non-seulement je lui protestai que je ne l'inquiéterais pas, mais encore, pour la récompenser de sa fidélité dans l'administration de mes affaires, je lui fis autant de bien que ma situation pouvait me le permettre.

J'allai ensuite dans la province d'York; mais mon père et ma mère étaient morts, et ma famille éteinte, excepté deux sœurs et deux enfants d'un de mes frères; et comme depuis longtemps je passais pour défunt, on m'avait oublié dans le partage des biens, de manière que je n'avais d'autre ressource que mon petit trésor, qui ne suffisait pas pour me procurer un établissement.

A la vérité, je reçus un bienfait auquel je ne m'attendais pas. Le capitaine que j'avais si heureusement sauvé avec son vaisseau et sa cargaison, ayant donné aux propriétaires une information favorable de ma conduite à cet égard, ils me firent venir, m'honorèrent d'un compliment fort gracieux et d'un présent d'à peu près deux cents livres sterling.

Cependant, en faisant réflexion sur les différentes circonstances de ma vie et sur le peu de moyens que j'avais de m'établir dans le monde, je résolus de m'en aller à Lisbonne, pour voir si je ne pourrais pas m'y informer au juste de l'état de ma plantation dans le Brésil, et de ce que pouvait être devenu mon associé, qui sans doute devait me compter au nombre des morts.

Dans cette vue, je m'embarquai pour Lisbonne, et j'y arrivai au mois de septembre suivant avec Vendredi, qui m'accompagnait dans toutes mes courses, et qui me donnait de plus en plus des marques de son attachement et de sa probité.

Arrivé dans cette ville, je trouvai, après plusieurs perquisitions, à mon grand contentement, le vieux capitaine qui me reçut dans son vaisseau en pleine mer quand je me sauvai des côtes de Barbarie.

Il était fort vieilli, et il avait abandonné son état après avoir mis à sa place son fils, qui, dès sa première jeunesse, l'avait accompagné dans ses voyages, et qui continuait pour lui son négoce du Brésil. Je le reconnus à peine, et il fit de même à mon égard; mais, en lui disant qui j'étais, une reconnaissance mutuelle eut bientôt lieu.

Après avoir renouvelé cette vieille connaissance, on peut croire que je m'informai de ma plantation et de mon associé. Le bon homme me dit que, depuis neuf ans, il n'avait point été dans le Brésil; qu'il pouvait m'assurer néanmoins qu'à son dernier voyage mon associé était encore vivant, mais que les facteurs que j'avais joints à lui dans l'administration de mes affaires étaient morts; qu'il croyait pourtant que je pourrais avoir des renseignements fort justes sur mes affaires, puisque, la nouvelle de ma mort s'étant répandue partout, mes facteurs avaient été obligés de donner le compte des revenus de ma portion au procureur fiscal, qui se l'était appropriée en cas que je ne revinsse jamais pour la réclamer; qu'il en avait assigné un tiers au roi et deux tiers au monastère de Saint-Augustin, pour être employés au soulagement des pauvres et à la conversion des Indiens à la foi catholique; que cependant si mon bien était réclamé par moi-même, ou quelqu'un de ma part, il ne manquerait pas d'être remis à son propriétaire, excepté seulement les revenus, qui seraient réellement employés pour des usages charitables.

Il m'assura en même temps que l'intendant des revenus du roi, par rapport aux biens immeubles, et celui du monastère avaient eu grand soin de tirer de mon associé, tous les ans, un compte fidèle du revenu total, dont ils recevaient toujours la juste moitié.

Je lui demandai s'il croyait que ma plantation se fût assez accrue pour valoir la peine d'y jeter les yeux, et si je ne trouverais point de difficulté pour me remettre en possession de la juste moitié.

Il me répondit qu'il ne pouvait me dire exactement jusqu'à quel point ma plantation s'était augmentée; ce qu'il savait, c'est que mon associé était devenu extrêmement riche en jouissant de sa moitié, et que le tiers de ma portion, qui avait été au roi, et ensuite donné à quelque autre monastère, allait au-delà de deux cents moïdores; qu'au reste il n'y avait point de doute qu'on ne me remît en possession de mon bien, puisque mon associé, vivant encore, pouvait certifier mes droits, et que mon nom était placé sur la liste de ceux qui avaient des plantations dans ce pays. Il m'assura de plus que les successeurs de mes facteurs étaient de fort honnêtes gens et très à leur aise, lesquels non-seulement pouvaient m'aider à rentrer dans la possession de mes terres, mais devaient encore avoir en main, pour mon compte, une bonne somme amassée du revenu de ma plantation pendant que leurs pères en avaient soin, et avant que, faute par moi de comparaître, le roi et le monastère dont j'ai parlé se fussent approprié ledit tiers, ce qui était arrivé il y avait environ douze ans.

A ce récit, je parus un peu mortifié, et je demandai à mon vieil ami comment il était possible que mes facteurs eussent ainsi disposé de mes effets, tandis qu'ils s'avaient que j'avais fait un testament en sa faveur où je l'instituais mon héritier universel.

Il me dit que rien n'était plus vrai, mais que, n'ayant point de preuve de ma mort, il n'avait pas été en état d'agir en qualité d'exécuteur testamentaire, et que d'ailleurs il n'avait pas trouvé à propos de se mêler d'une affaire si embarrassée; que cependant il avait fait enregistrer ce testament, et qu'il s'en était mis en possession; que, s'il avait pu donner quelque assurance de ma mort ou de ma vie, il aurait agi pour moi, comme par procuration, et se serait emparé de la fabrique de sucre, et que même il avait donné ordre à son fils de le faire en son nom.

« Mais, ajouta le bon vieillard, j'ai une autre nouvelle à vous donner qui ne vous sera peut-être pas si agréable, c'est que tout le monde vous croyant mort, votre associé et vos facteurs m'ont offert de s'accommoder avec moi par rapport au revenu des sept ou huit premières années, lequel j'ai effectivement reçu.

Cependant, continua-t-il, ces revenus n'ont pas été grand'chose alors, à cause des grands déboursés qu'il a fallu faire pour augmenter la plantation, bâtir la fabrique et acheter des esclaves. Je vous rendrai néanmoins un compte fidèle de tout ce que j'ai reçu, et de l'usage que j'en ai fait. »

Cet honnête vieillard se mit alors à se plaindre de ses désastres, qui l'avaient obligé à se servir de mon argent pour acquérir quelque portion dans un autre vaisseau. « Cependant, mon cher ami, continua-t-il, vous ne manquerez point de ressource dans votre nécessité, et vous serez pleinement satisfait dès que mon fils sera de retour. »

Là-dessus il tira un vieux sac de cuir et me donna cent soixante moïdores, avec le titre qu'il avait par écrit de son droit dans le chargement du vaisseau que son fils avait conduit au Brésil, et où il avait un quart, et son fils un autre. Il me remit tous ces papiers pour ma sûreté.

J'étais extrêmement touché de la probité du pauvre vieillard, et me ressouvenant de tout ce qu'il avait fait pour moi, en me prenant à bord de son vaisseau, et des marques de sa générosité, dont je venais de recevoir encore des preuves nouvelles, j'avais de la peine à retenir mes larmes ; je lui demandai donc d'abord s'il était dans une situation à se passer de la somme qu'il me restituait, et si ce remboursement ne le gênait pas. Il me répondit qu'en effet il en serait un peu incommodé, mais que dans le fond c'était mon argent, et que peut-être j'en avais plus grand besoin que lui.

Tout ce que me disait cet honnête homme était si plein de bonté et de tendresse, que je ne pouvais m'empêcher de m'attendrir. Je pris cent moïdores, et je lui en fis ma quittance, en lui rendant le reste, et en l'assurant que, si jamais je rentrais en possession de mon bien, je lui remettrais le tout, comme je fis aussi dans la suite; que pour le certificat qu'il voulait me donner de sa portion et de celle de son fils dans le vaisseau, j'étais fort éloigné de le vouloir prendre, sachant que si j'étais dans le besoin, il serait assez honnête homme pour me payer; que si je n'en avais pas besoin, et si je parvenais à mon but dans le Brésil, je ne lui demanderais pas un sou.

Lorsqu'il me vit décidé à passer moi-même dans le Brésil, il ne me désapprouva pas; mais il me dit qu'il y avait d'autres moyens pour faire valoir mes droits; et comme il se trouvait des vaisseaux prêts à partir pour le Brésil dans la rivière de Lisbonne, il me fit mettre mon nom dans un registre public, avec une disposition de sa part, dans laquelle il déclarait, sous serment, que j'étais la même personne qui avait entrepris et commencé la plantation dont il s'agissait. Il me conseilla d'envoyer cette disposition faite dans les formes, avec une procuration, à un marchand de sa connaissance qui était sur les lieux, et de rester avec lui jusqu'à ce qu'on m'eût rendu compte de l'état de mes affaires.

Ces mesures réussirent au-delà de mes espérances; car, en sept mois de temps, il me vint, de la part des héritiers de mes facteurs, un grand paquet qui contenait les papiers suivants :

1° Un compte courant du produit de ma plantation pendant six ans, depuis que leurs pères avaient fait leur balance avec le vieux capitaine. Par ledit compte, il me revenait une somme de 1174 moïdores.

2° Un autre compte des dernières années, avant que le gouvernement se fût saisi de l'administration de mes effets, comme appartenant à une personne qui, n'ayant pas reparu, pouvait être considérée comme morte civilement. Le revenu de ma plantation s'était alors considérablement accru; il me revenait, selon la balance de ce compte, la somme de 3241 moïdores.

3° Un compte du prieur du monastère qui avait joui de mon revenu pendant plus de quatorze ans, et qui, n'étant pas obligé de me restituer ce dont il avait disposé en faveur de l'hôpital, déclara avec beaucoup de probité qu'il avait encore entre les mains 872 moïdores, qu'il était prêt à me rendre. Mais pour le tiers que le roi s'était approprié, je n'en tirai rien du tout.

Ce paquet contenait de plus une lettre de congratulation de mon associé, sur ce que j'existais encore, avec un détail de l'accroissement de ma plantation, de ses revenus annuels, du nombre d'acres de terre qui y étaient employées. Il me priait en même temps, d'une manière fort affectueuse, de venir moi-même prendre possession de mes effets, ou du moins de l'informer à qui je souhaitais qu'il les remît.

Cette lettre, qui finissait par des protestations pathétiques de son amitié et de celle de toute sa famille, était accompagnée d'un fort beau présent, qui consistait en six belles peaux de léopard, qu'il avait reçues apparemment d'Afrique par quelqu'un de ses vaisseaux dont le voyage avait été plus heureux que le mien; en six caisses d'excellentes confitures, et une centaine de pièces d'or non monnayées, un peu plus petites que des moïdores.

Je reçus, dans le même temps, de la part des héritiers de mes facteurs, douze cents caisses de sucre, huit cents rouleaux de tabac, et le reste de ce qui me revenait en or.

J'aurais de la peine à exprimer les différentes pensées qui m'agitèrent en me voyant environné de tant de bien; car j'étais tout d'un coup maître de 50,000 livres sterling en argent, et d'une propriété dans le Brésil de plus de mille livres sterling de revenu, dont j'étais aussi sûr qu'aucun Anglais peut l'être d'un bien qu'il possède dans sa propre patrie. En un mot, je me trouvais dans un tel bonheur, que j'avais de la peine à le comprendre moi-même, et je ne savais trop comment me conduire pour en jouir à mon aise.

La première chose à laquelle je songeai fut de récompenser mon bienfaiteur le capitaine portugais, qui m'avait donné tant de marques de sa charité dans mes malheurs, et tant de preuves de sa probité dans ma bonne fortune.

Je lui montrai tout ce que je venais de recevoir, en l'assurant qu'après la Providence divine c'était lui que je considérais comme la source de toute ma richesse, et que j'étais charmé de pouvoir le récompenser au centuple de toutes les bontés qu'il avait eues pour moi. Je commençai d'abord par lui rendre les cent moïdores qu'il m'avait données, et, ayant fait venir un notaire, je lui donnai un acquit dans les formes des quatre cent soixante-dix qu'il avait reconnu me devoir; ensuite je lui donnai une procuration pour le constituer receveur des revenus annuels de ma plantation, avec ordre à mon associé de les lui envoyer par les flottes ordinaires. Je m'engageai encore à lui faire présent de cent moïdores par an pendant toute sa vie, et cinquante par an après sa mort pour son fils. C'est ainsi que je trouvai juste de témoigner à ce bon vieillard ma reconnaissance de tous les services qu'il m'avait rendus.

Il ne me restait plus qu'à délibérer sur ce que je ferais du bien dont la Providence m'avait rendu possesseur; plusieurs mois s'écoulèrent pourtant avant que je prisse une résolution fixe à cet égard, et pendant ce temps, après avoir satisfait pleinement aux obligations que j'avais au vieux capitaine portugais, je pensai aussi à témoigner ma reconnaissance à ma pauvre veuve, dont le mari était mon premier bienfaiteur, et qui elle-même avait été ma fidèle gouvernante et la sage directrice de mes affaires. Dans ce dessein, j'allai trouver un marchand de Lisbonne, à qui je donnai ordre d'écrire à son correspondant de Londres, de chercher cette bonne femme, pour lui remettre de ma part cent livres sterling, et pour l'assurer que pendant ma vie elle ne manquerait jamais de rien. En même temps j'envoyai cent livres sterling à chacune de mes sœurs, qui vivaient à la campagne, et qui, bien qu'elles ne fussent pas dans une nécessité absolue, étaient bien éloignées pourtant d'être à leur aise, l'une étant veuve, et l'autre ayant un mari dont elle n'avait pas lieu d'être contente. Malheureusement, parmi tous mes parents et toutes mes connaissances, je ne trouvai personne à qui je pusse confier le gros de mes affaires, de manière à être tranquille avant que de passer dans le Brésil, ce qui me donna bien de l'inquiétude.

J'avais assez d'envie quelquefois de m'établir entièrement dans cette province, où j'étais comme naturalisé; mais j'étais retenu par quelques scrupules de conscience. Il est bien vrai qu'autrefois j'avais eu assez peu de délicatesse pour professer extérieurement la religion dominante du pays; que je ne voyais pas alors qu'il y eût là un si grand crime: en y pensant plus mûrement, je jugeai qu'il n'était pas sûr pour moi de mourir dans une pareille dissimulation, et je me repentis d'en avoir jamais été capable.

Cependant ce n'était pas là le plus grand obstacle qui s'opposait à mon voyage; mais bien la difficulté que je trouvais à disposer de mes effets d'une manière sûre. Je me déterminai donc à retourner en Angleterre avec mon argent, dans l'espérance d'y trouver une personne digne de toute ma confiance, et j'exécutai ce dessein peu de temps après.

Avant de partir, la flotte du Brésil étant prête à faire voile, je fis les réponses convenables aux lettres obligeantes que j'avais reçues de ce pays. J'écrivis au prieur une lettre pleine de reconnaissance pour le remercier de l'intégrité qu'il avait mise dans sa conduite envers moi, et pour lui faire présent des 872 moïdores qu'il avait à moi, avec prière d'en donner 500 au monastère, et d'en distribuer 372 aux pauvres, selon qu'il le trouverait bon.

J'écrivis une lettre semblable à mes facteurs, sans l'accompagner d'aucun présent, sachant bien qu'ils n'avaient pas besoin des effets de ma libéralité. On peut bien croire que je n'oubliai pas non plus de remercier mon associé de ses soins pour l'accroissement de notre plantation, et de lui donner mes instructions sur la manière dont je souhaitais qu'il dirigeât mes affaires. Je le priai d'envoyer régulièrement les revenus de ma moitié au vieux capitaine, et je l'assurai que j'irais le voir; j'ajoutai à ces promesses un joli présent de quelques pièces d'étoffe de soie d'Italie, de deux pièces de drap d'Angleterre, de cinq pièces de baie noire, et de quelques pièces de ruban de Flandre d'un assez grand prix.

Ayant mis ainsi ordre à mes affaires, vendu ma cargaison et réduit toutes mes marchandises en argent, je ne trouvais plus rien d'embarrassant que le choix de la route que je devais prendre pour passer en Angleterre. J'étais fort accoutumé à la mer, et cependant je me sentais une aversion extraordinaire pour m'y hasarder; et quoique je fusse incapable d'en alléguer la moindre raison, cette aversion redoubla de jour en jour d'une telle force, que je fis remettre à terre jusqu'à deux ou trois fois mon bagage que j'avais fait embarquer.

J'avais essuyé assez de malheurs sur cet élément pour le craindre. Je fus bien inspiré dans cette circonstance, car deux des vaisseaux sur lesquels, à différents temps, j'avais voulu m'embarquer, furent très-malheureux dans leur voyage : l'un fut pris par les Algériens, et l'autre fit naufrage près de Torbay, sans qu'il s'en sauvât plus de trois personnes; par conséquent j'aurais été également à plaindre en m'embarquant dans l'un ou l'autre.

Mon vieil ami sachant l'embarras où je me trouvais par rapport à mon voyage, m'exhorta fort à ne point aller par mer; il me conseilla plutôt d'aller par terre jusqu'à la Corogne, et de passer à La Rochelle par le golfe de Biscaye, d'où il me serait aisé de continuer mon chemin par terre jusqu'à Paris, et de passer de là par Calais à Douvres, ou bien de me rendre à Madrid et de traverser toute la France par terre.

Mon aversion prodigieuse pour la mer me

détermina donc à suivre ce dernier parti, qui me la faisait éviter partout, excepté le petit passage de Calais à Douvres. Je n'étais pas fort pressé, je craignais peu la dépense, la route était agréable, et, pour que je ne m'ennuyasse pas, mon vieux capitaine me procura la compagnie d'un Anglais, fils d'un marchand de Lisbonne, qui me fit trouver deux autres compagnons de voyage de la même nation, auxquels se joignirent encore deux Portugais qui devaient s'arrêter à Paris, de manière que nous étions six maîtres et cinq valets. Les deux marchands et les deux Portugais se contentaient de deux valets à eux quatre; mais pour moi, je trouvai bon de m'attacher un matelot anglais qui devait me tenir lieu de laquais pendant le voyage, parce que Vendredi n'était guère capable de me servir comme il fallait dans des pays dont il avait à peine une idée.

De cette manière nous quittâmes Lisbonne, bien montés et bien armés, formant une petite troupe assez leste qui me faisait l'honneur de m'appeler son capitaine, non-seulement à cause de mon âge, mais encore parce que j'avais deux valets et que j'étais l'entrepreneur de tout le voyage.

Quand nous fûmes à Madrid, nous résolûmes de nous y arrêter quelque temps pour voir la cour et tout ce qu'il y a de plus remarquable; mais comme l'automne approchait, nous nous hâtâmes de sortir de ce pays, et nous abandonnâmes Madrid environ au milieu d'octobre. En arrivant sur les frontières de la Navarre, nous fûmes fort alarmés en apprenant qu'une si grande quantité de neige y était tombée du côté de la France, que plusieurs voyageurs avaient été obligés de retourner à Pampelune, après avoir tenté de passer les montagnes en s'exposant aux plus grands hasards.

Arrivés à Pampelune, nous trouvâmes que cette nouvelle n'était que trop fondée, et nous y sentîmes un froid insupportable, surtout pour moi, qui étais accoutumé à vivre dans des climats si chauds qu'à peine y peut-on souffrir des habits. J'y étais d'autant plus sensible, que dix jours auparavant nous avions passé par la Vieille-Castille dans un temps extrêmement chaud. On peut imaginer si c'était un grand plaisir pour moi d'être exposé aux vents qui venaient des Pyrénées, et qui nous causaient un froid assez rude pour engourdir nos oreilles et pour nous les faire perdre.

Le pauvre Vendredi était le plus malheureux de nous tous, car il voyait pour la première fois de sa vie des montagnes couvertes de neige et il sentait le froid, choses inconnues pour lui jusqu'alors.

La neige cependant continuait toujours à tomber avec violence et pendant si long-temps, l'hiver ayant été précoce, que les passages, qui jusqu'alors avaient été difficiles, devinrent absolument impraticables. La neige était d'une hauteur prodigieuse, et n'ayant point acquis de la fermeté par une forte gelée, comme dans les pays septentrionaux, elle faisait courir risque aux voyageurs d'y être enterrés tout vifs à chaque pas.

Nous nous arrêtâmes plusieurs jours à Pampelune; mais persuadés que l'approche de l'hiver ne mettait pas nos affaires en meilleur état (aussi était-ce par toute l'Europe l'hiver le plus cruel qu'il y ait eu de mémoire d'homme), je proposai à mes compagnons d'aller à Fontarabie, et de passer de là par mer à Bordeaux, ce qui n'était qu'un très-petit voyage.

Pendant que nous étions à en délibérer, nous vîmes entrer dans notre auberge quatre gentilshommes français. Ayant été arrêtés du côté de la France, comme nous du côté de l'Espagne, ils avaient eu le bonheur de trouver un guide qui, traversant le pays du côté du Languedoc, leur avait fait passer les montagnes par des chemins où il y avait peu de neige, et où du moins elle était assez endurcie par le froid pour soutenir les hommes et les chevaux.

Nous fîmes chercher ce guide, qui nous assura qu'il nous mènerait par le même chemin sans avoir rien à craindre de la neige; mais que nous devions être assez bien armés pour pouvoir nous défendre contre les bêtes féroces, et surtout contre les loups, qui, devenus enragés faute de nourriture, se faisaient voir par troupes au pied des montagnes. Nous lui dîmes que nous ne craignions rien de ces animaux, et nous nous déterminâmes à le suivre; le même parti fut pris par douze cavaliers français avec leurs valets, qui avaient été contraints de revenir sur leurs pas.

Nous sortîmes de Pampelune le 15 novembre, et nous fûmes d'abord bien surpris de voir notre guide, au lieu de nous mener en avant, nous faire retourner l'espace de vingt milles anglais, en parcourant le même chemin par lequel nous étions venus de Madrid; mais ayant passé deux rivières, et traversé un climat fort chaud et fort agréable où l'on ne découvrait pas la moindre neige, il tourna tout d'un coup du côté gauche et nous fit rentrer dans les montagnes par un autre chemin. Nous y aperçûmes des précipices dont la vue faisait frissonner; mais il sut nous conduire par tant de traverses, qu'il nous fit passer les montagnes sans que nous en fussions instruits et sans être fort incommodés de la neige, et tout d'un coup il nous moutra les agréables et fertiles provinces du Languedoc et de la Gascogne, qui frappaient nos yeux par une charmante verdure, Il est vrai que nous les voyions à une grande distance de nous, et qu'il fallait encore bien faire du chemin avant que d'y entrer.

Nous fûmes pourtant bien mortifiés un jour en voyant tomber de la neige avec une telle abondance, qu'il nous fut d'abord impossible d'avancer ; mais notre guide nous redonna du courage en nous assurant que toutes les difficultés de la route seraient bientôt surmontées. Nous trouvâmes effectivement que chaque jour nous descendions de plus en plus, et que nous avancions du côté du nord, ce qui nous donna une assez grande confiance en notre guide pour pousser hardiment notre voyage.

Nous avions encore à peu près deux heures de jour quand, nous hâtant vers notre gîte, nous vîmes sortir d'un chemin creux, à côté d'un bois épais, trois loups monstrueux, suivis d'un ours. Comme notre guide nous avait assez devancés pour être hors de notre vue, deux de ces loups se jetèrent sur lui, et si nous eussions été seulement éloignés d'un demi-mille, il aurait été certainement dévoré avant que nous fussions en état de lui donner du secours. L'un de ces animaux s'attacha au cheval, et l'autre attaqua l'homme avec tant de fureur, qu'il n'eut ni le temps ni la présence d'esprit de se saisir de ses armes à feu : il se contenta de pousser des cris épouvantables. Comme Vendredi était le plus avancé de nous tous, je lui dis d'aller à toute bride voir ce que c'était. Dès qu'il découvrit de loin ce dont il s'agissait, il se mit à crier de toutes ses forces : « O maître! maître! » mais il ne laissa pas de continuer son chemin tout droit vers le pauvre guide, et, en garçon plein de courage, il appuya son pistolet contre la tête du loup qui s'était attaché à l'homme, et le fit tomber à terre raide mort.

C'était un grand bonheur pour le guide que Vendredi, étant accoutumé dans sa patrie à toutes sortes de bêtes, ne les craiguît guère, ce qui l'avait rendu assez hardi pour tirer son coup de près, au lieu que quelqu'un de nous, tirant de plus loin, aurait couru risque ou de manquer le loup, ou de tuer l'homme.

Aussitôt que le loup qui avait attaqué le cheval vit son camarade à terre, il abandonna sa proie et s'enfuit. Il s'était heureusement attaché à la tête du cheval, où ses dents, rencontrant les bossettes de la bride, n'avaient pu porter des coups bien dangereux. Il n'en était pas ainsi de l'homme, qui avait reçu deux morsures cruelles, l'une dans le bras et l'autre au-dessus du genou, et qui avait été sur le point de tomber de son cheval dans le moment que Vendredi était venu si heureusement à son secours.

On croira facilement qu'au bruit du coup de pistolet de mon sauvage nous doublâmes tous le pas autant qu'un chemin extrêmement escarpé pouvait nous le permettre.

A peine étions-nous débarrassés des arbres qui nous barraient la vue, que nous vîmes distinctement ce qui venait d'arriver, sans pourtant pouvoir distinguer d'abord quelle espèce d'animal venait de tuer Vendredi.

Mais voici un autre combat bien plus surprenant; il se donna entre mon sauvage et l'ours dont je viens de parler, et nous divertit beaucoup, quoique au commencement nous en fussions fort alarmés. Il sera bon, pour l'intelligence de cette aventure, de la faire précéder d'une courte description du caractère de l'ours.

On sait que cet animal pesant et grossier est tout-à-fait incapable d'arpenter comme le loup, qui est fort léger et très-alerte; mais il a deux qualités essentielles qui font la règle générale de la plupart de ses actions : il ne considère pas l'homme comme sa proie, à moins qu'une faim excessive ne le fasse sortir de son naturel, et il ne l'attaque que quand il en est attaqué le premier. Si vous le rencontrez dans un bois, et que vous ne vous mêliez point de ses affaires, il ne se mêlera pas des vôtres; mais ayez bien soin de le traiter avec beaucoup de politesse et de lui laisser le chemin libre, car c'est un cavalier fort pointilleux, qui ne voudrait point s'abaisser jusqu'à faire un seul pas hors de sa route, fût-ce pour un roi. S'il vous fait peur, le meilleur parti que vous puissiez prendre, c'est de détourner les yeux et de continuer votre chemin; car si vous vous arrêtiez pour le regarder fixement, il pourrait bien s'en offenser. Si vous étiez assez hardi pour lui jeter quelque chose qui le touchât, ne fût-ce qu'une pierre grande comme le doigt, soyez sûr qu'il le prendrait pour un affront sanglant; et qu'il abandonnerait toutes ses autres affaires pour en tirer vengeance, car il est extrêmement délicat sur le point d'honneur : c'est là sa première qualité. Il en a encore une autre qui est tout aussi remarquable, c'est que, s'il vient à s'imaginer que vous l'avez offensé, il ne vous quittera ni jour ni nuit jusqu'à ce qu'il en ait satisfaction et que l'affront soit lavé dans votre sang.

Je reviens au combat dont j'ai promis la relation. A peine Vendredi eut-il aidé notre guide à descendre de cheval, que nous vîmes l'ours sortir du bois, et je puis protester qu'on n'en a jamais vu d'une taille plus monstrueuse.

Nous fûmes tous effrayés à sa vue, excepté Vendredi, qui, marquant dans toute sa contenance beaucoup de joie et de courage, s'écria : « O maître, maître, vous me donner congé, moi lui toucher dans la main, moi vous faire bon rire ! — Que voulez-vous dire, grand fou que vous êtes? lui répondis-je, il vous mangera. — Lui manger moi, lui manger moi ! répondit-il : moi manger lui, vous tous rester là, moi vous donner bon rire. » Aussitôt il saute à bas de son cheval, ôte ses bottes dans le moment, chausse une paire d'escarpins qu'il avait dans sa poche, donne son cheval à garder à mon laquais, se saisit d'un fusil, et se met à courir comme le vent.

L'ours cependant se promenait au petit pas sans songer à malice, jusqu'à ce que Vendredi s'en étant approché, commença à lier conversation avec lui, comme si l'animal était capable de l'entendre. « Écoute donc, s'écria-t-il; moi te vouloir parler un peu. » Nous le suivions à quelque distance. Nous étions déja descendus des montagnes du côté de la Gascogne, et nous nous trouvions dans une vaste plaine, où pourtant il y avait une assez grande quantité d'arbres répandus çà et là.

Vendredi étant pour ainsi dire sur les pas de l'ours, ramasse une grosse pierre, la jette à cet affreux animal, et l'attrape justement à la tête, sans néanmoins lui faire plus de mal que si le caillou avait donné contre une muraille. Aussi mon drôle n'avait d'autre but que de se faire suivre par l'ours et de nous donner *bon rire*, selon sa manière de s'exprimer. L'ours, suivant sa louable coutume, ne manqua pas d'aller droit à lui en faisant des pas si terribles, que pour le suivre il aurait fallu mettre un cheval à un médiocre galop.

Il n'avait garde cependant d'attraper Vendredi, que je vis à mon grand étonnement prendre sa course de notre côté, comme s'il avait besoin de notre secours, et nous nous apprêtâmes à faire feu sur la bête tous en même temps pour le délivrer de ses griffes : j'étais pourtant dans une grande colère contre lui pour avoir attiré l'ours sur nous, lorsqu'il ne songeait qu'à aller droit son chemin. « Cela s'appelle-t-il nous faire rire, maraud ? lui dis-je : viens vite et prends ton cheval, afin que nous puissions tuer ce diable d'animal que tu as mis à notre poursuite : — Point, point, répondit-il tout en courant ; non tirer, vous point remuer, vous avoir grand rire. » Il courait deux fois plus vite que l'ours, et il y avait encore un assez grand espace entre l'un et l'autre, lorsqu'il prend tout d'un coup à côté de nous, où il voyait un grand chêne très-propre à l'exécution de son projet, et nous faisant signe de le suivre, il met bas son fusil à quelques pas de l'arbre, et il y grimpe avec une adresse étonnante. Nous suivions cependant à quelque distance l'ours irrité, qui prenait le même chemin; étant proche de l'arbre, il s'arrête auprès du fusil, le flaire, et, le laissant là, il se met à grimper contre le tronc de l'arbre à la manière des chats, quoiqu'il fût d'une pesanteur extraordinaire.

J'étais surpris de la folie de mon valet, et jusque là je ne voyais pas le mot pour rire dans toute cette affaire. L'ours avait déja gagné les branches de l'arbre, et il avait fait la moitié du chemin depuis le tronc jusqu'à l'endroit où Vendredi s'était mis sur la faible extrémité d'une grosse branche. Dès que l'animal eut posé les pates sur la même branche, et qu'il se fut mis en devoir d'arriver jusqu'à mon valet, il nous cria qu'il allait apprendre à danser à l'ours, et en même temps il se met à sauter sur la branche et à la remuer de toutes ses forces; il fit ainsi chanceler l'ours, qui regardait déja en arrière pour voir de quelle manière il se tirerait de là, ce qui nous fit rire effectivement de tout notre cœur. Mais la farce n'était pas encore jouée jusqu'au bout. Quand Vendredi vit l'animal s'arrêter, il lui parla de nouveau comme s'il eût été sûr de lui faire entendre son mauvais anglais. « Quoi! lui dit-il, toi ne pas venir plus loin? toi prié encore un peu venir. » En même temps il cesse de remuer la branche, et l'ours, comme s'il était sensible à son invitation, fait effectivement quelques pas en avant ; et aussi souvent qu'il plaisait à mon drôle de remuer la branche, l'ours trouvait à propos de s'arrêter tout droit.

Je crus alors qu'il était temps de lui casser la tête; en conséquence je criai à Vendredi de se tenir en repos : mais il me pria de n'en rien faire, et de lui permettre de le tuer lui-même quand il le voudrait.

Pour abréger l'histoire, mon sauvage dansait si souvent sur la branche, et l'ours en s'arrêtant se mettait dans une posture si grotesque, que nous en mourions de rire. Nous n'entendions pourtant rien au dessein de Vendredi; nous avions cru d'abord qu'en remuant la branche il avait envie de culbuter cette lourde bête du haut en bas; mais elle était trop fine pour s'y laisser attraper, et elle se cramponnait à la branche avec ses quatre griffes d'une telle force, qu'il était impossible de la faire tomber, et nous avions de la peine à comprendre par quelle plaisanterie l'aventure finirait.

Vendredi nous tira bientôt d'embarras ; car, voyant que l'ours n'avait pas envie d'approcher davantage, « Bon, bon, lui dit-il; toi ne pas venir plus à moi, moi venir à toi : » et là-dessus il s'avance vers l'extrémité de la branche, et s'y pendant par les mains, il la fait plier assez pour se laisser tomber à terre sans risque.

L'ours voyant son ennemi décamper, prend la résolution de le rejoindre; il se met à marcher à reculons sur la branche, mais avec beaucoup de lenteur et de précaution, ne faisant jamais un pas sans regarder en arrière. Quand il fut arrivé au tronc, il en descendit avec la même circonspection, toujours à reculons, et ne remuant pas un pied qu'il ne sentît l'autre bien fermement attaché à l'écorce. Il allait justement appuyer une de ses jambes sur la terre, quand Vendredi s'avança sur lui, et, lui mettant le bout du fusil dans l'oreille, le fit tomber raide mort.

Après cette expédition, mon gaillard s'arrêta pendant quelques moments d'un air grave pour voir si nous n'étions pas à rire, et voyant qu'effectivement il nous avait extrêmement divertis, il fit un terrible éclat de rire lui-même, en disant que c'était ainsi qu'on tuait les ours dans son pays. « Comment, lui répondis-je, pouvez-vous les tuer de cette manière? vous n'avez point de fusils. — Oui, repartit-il, point de fusils, mais nous tirer beaucoup grands longs flèches. »

Il avait tenu parole, et cette comédie nous avait donné beaucoup de plaisir. Cependant j'en aurais encore ri d'un meilleur cœur si je ne m'étais pas trouvé dans un lieu sauvage, où les hurlements des loups me donnaient beaucoup d'inquiétude. Le bruit qu'ils faisaient était épouvantable, et je ne me souviens pas d'en avoir jamais entendu un pareil, qu'une seule fois sur le rivage d'Afrique.

Si ce bruit affreux et l'approche de la nuit

ne nous avaient tirés de là, nous aurions suivi le conseil de Vendredi, en écorchant la bête, dont la peau valait bien la peine d'être conservée ; mais nous avions encore trois lieues à faire avant que d'arriver au gîte, et notre guide nous pressait de pousser notre voyage.

Toute cette route était couverte de neige, quoique à une moindre épaisseur que sur les montagnes, et par conséquent elle était moins dangereuse. Mais en récompense les loups, animés par la faim, étaient descendus par bandes entières dans les plaines et dans les forêts, et avaient fait des ravages affreux dans plusieurs villages, où ils avaient tué une grande quantité de bétail, et dévoré les hommes mêmes.

Nous apprîmes de notre guide qu'il nous restait encore à traverser un endroit fort dangereux, et où nous ne manquerions pas de rencontrer des loups.

C'était une petite plaine environnée de bois de tous côtés, et aboutissant à un défilé fort étroit, par où nous devions passer absolument pour sortir des forêts et pour gagner le bourg où nous devions coucher cette nuit.

Nous entrâmes dans le premier bois une demi-heure après. Dans ce bois nous ne rencontrâmes rien qui fût capable de nous effrayer, excepté dans une très-petite plaine d'environ un demi-quart de mille, où nous vîmes cinq grands loups traverser le chemin tous à la file les uns des autres, comme s'ils couraient après une proie assurée. Ils ne firent pas seulement semblant de nous apercevoir, et en moins de rien ils étaient hors de notre vue. Cependant notre guide, qui était un poltron achevé, nous pria de nous préparer à la défense, puisque apparemment ces loups seraient suivis d'une grande quantité d'autres.

Nous suivîmes son conseil, sans cesser un moment de porter les yeux de tous côtés; mais nous n'en découvrîmes pas un seul dans tout le bois, qui était long de plus d'une demi-lieue. Il n'en fut pas de même dans la plaine dont j'ai fait mention : le premier objet qui nous y frappa fut un cheval tué par ces animaux, sur le cadavre duquel ils étaient encore au nombre de quelques douzaines, occupés non-seulement à en dévorer la chair, mais à en ronger les os.

Nous ne trouvâmes point du tout à propos de troubler leur festin, et de leur côté ils ne songèrent pas à le quitter pour nous inquiéter dans notre voyage. Vendredi avait pourtant grande envie de leur lâcher quelques coups de fusil; mais je l'en empêchai, prévoyant que bientôt nous aurions des affaires de reste. Nous n'avions pas encore traversé la moitié de la plaine, quand nous entendîmes à notre gauche des hurlements terribles; un moment après, nous vîmes une centaine de loups venir à nous, par rangs et par files, comme s'ils avaient été mis en bataille par un officier expérimenté.

Je crus que le seul moyen de les bien recevoir était de nous ranger tous sur une même ligne et de nous tenir bien serrés, ce que nous exécutâmes dans le moment. Je donnai encore ordre à mes gens de faire leur décharge en sorte qu'il n'y eût que la moitié qui tirât à la fois, et que l'autre se tînt prête à faire dans le moment une seconde décharge; et si, malgré tous ces efforts, les loups ne laissaient pas de pousser leur pointe, qu'ils ne s'amusassent pas à recharger leurs fusils, mais qu'ils missent promptement le pistolet à la main. Nous en avions chacun une paire; ainsi nous étions en état de faire six grandes décharges de suite. Mais pour lors nos armes ne nous furent point nécessaires; car dès nos premiers coups les ennemis s'arrêtèrent tout court. Il y en eut quatre de tués et plusieurs autres blessés, qui, en se tirant de la foule, laissaient sur la neige des traces de leur sang. Voyant que le reste ne se retirait pas, je me souvins d'avoir entendu dire que les bêtes les plus féroces étaient effrayées du cri des hommes; conséquemment j'ordonnai à mes compagnons d'en pousser un de toutes leurs forces.

Je vis par-là que cette opinion n'était pas ma fondée; car dans le moment ils commencèrent leur retraite, et, après que j'eus fait faire une seconde décharge sur leur arrière-garde, ils s'enfuirent dans les bois.

Leur fuite nous donna le loisir nécessaire

pour recharger nos armes, chemin faisant; mais à peine eûmes-nous pris cette précaution, que nous entendîmes dans le même bois, du côté gauche, plus en avant que la première fois, des hurlements encore plus effrayants

La nuit s'approchait, ce qui redoublait le péril de notre position, surtout quand nous vîmes paraître en même temps trois troupes de loups, l'une à gauche, l'autre derrière nous, et la troisième à notre front, de manière que nous en étions presque environnés. Néanmoins, comme ils ne tombèrent pas d'abord sur nous, nous jugeâmes à propos de gagner toujours du pays, autant que nous pouvions faire avancer nos chevaux; ce qui n'était tout au plus qu'à un bon trot, à cause des mauvais chemins.

De cette manière nous découvrîmes bientôt le défilé par lequel il fallait passer de nécessité, et qui était au bout de la plaine, comme j'ai déja dit; mais, étant sur le point d'y entrer, nous fûmes surpris par la vue d'un nombre considérable de loups qui paraissaient vouloir nous disputer le passage.

Tout d'un coup nous entendîmes d'un autre

côté un coup de fusil, et dans le même instant nous vîmes un cheval sellé et bridé sortir du bois et s'enfuir comme le vent, ayant à sa poursuite seize ou dix-sept loups qui devaient bientôt l'atteindre, puisqu'il était impossible qu'il soutînt encore long-temps une course si vigoureuse.

En nous avançant du côté de l'ouverture d'où ce cheval venait de sortir, nous aperçûmes les cadavres d'un autre cheval et de deux hommes fraîchement dévorés par ces bêtes enragées : l'un d'eux devait être nécessairement celui qui avait tiré un coup de fusil ; car nous en trouvâmes un déchargé à terre auprès de lui, et nous le vîmes lui-même tout défiguré, la tête et le haut de son corps ayant été déja rongés jusqu'aux os.

Ce spectacle nous remplit d'horreur, et nous ne savions de quel côté nous tourner, quand ces abominables bêtes nous forcèrent à prendre une résolution en avançant sur nous de tous côtés au nombre de plus de trois cents.

Par bonheur nous découvrîmes près du bois plusieurs grands arbres, abattus apparemment

dans l'été pour servir à faire de la charpente. Je plaçai ma petite troupe au beau milieu, après lui avoir fait mettre pied à terre, et je l'arrangeai en forme de triangle devant le plus grand de ces arbres, qui pouvait nous servir de rempart.

Cette précaution ne nous fut pas inutile, car ces loups acharnés nous chargèrent avec une fureur inexprimable et des hurlements capables de faire dresser les cheveux, comme s'ils étaient tombés sur une proie assurée; et je suis persuadé que leur rage était surtout animée par la vue des chevaux que j'avais fait placer au milieu de nous. J'ordonnai à mes gens de tirer comme dans la première rencontre, et ils réussirent si bien, qu'ils firent tomber un bon nombre de nos ennemis dès la première décharge; mais il était nécessaire de faire un feu continuel, car ils venaient sur nous avec furie, ceux de derrière poussant en avant les premiers.

Après notre seconde décharge, nous les vîmes s'arrêter un peu, et j'espérais déja que nous en serions bientôt quittes, mais j'étais bien trompé. Nous fûmes encore obligés de faire feu deux fois de nos pistolets, et je crois que dans ces quatre décharges nous en tuâmes bien dix-sept ou dix-huit, et que nous en blessâmes plus du double.

J'aurais été très-fâché de faire tirer notre dernier coup sans une absolue nécessité : je fis donc venir mon valet anglais, Vendredi étant occupé à charger mon fusil et le sien, et je lui ordonnai de prendre un cornet à poudre, et de faire une traînée sur l'arbre qui nous servait de rempart, et sur lequel les loups se jetaient à tout moment avec une rage épouvantable. Il m'obéit sur-le-champ, et dès que je vis nos ennemis monter sur l'arbre, j'eus justement le temps de mettre le feu à la traînée, en lâchant dessus le chien d'un pistolet déchargé. Tous ceux qui se trouvaient sur l'arbre furent grillés par le feu, dont la force en jeta sept ou huit parmi nous, que nous dépêchâmes en moins de rien ; pour les autres, ils étaient si effrayés de cette lumière subite, augmentée par l'obscurité de la nuit, qu'ils commencèrent à se retirer. J'effectuai sur eux une dernière décharge, que nous accompagnâmes d'un grand cri qui acheva de les mettre entièrement en fuite. Ensuite nous fîmes une sortie, l'épée à la main, sur une vingtaine d'estropiés, et il en résulta que les hurlements plaintifs de ceux que nous taillions en pièces contribuèrent à épouvanter les autres qui avaient regagné les bois.

Nous en avions tué tout au moins une soixantaine; et en plein jour, nous en aurions dépêché davantage. Le champ de bataille nous restait, mais nous avions encore une grande lieue à faire, et nous entendions de temps en temps un bruit affreux dans les bois. Nous crûmes même plus d'une fois en voir près de nous, sans en être bien sûrs, à cause de la neige qui nous éblouissait les yeux.

Après avoir marché encore une heure dans de pareilles inquiétudes, nous arrivâmes au bourg où nous devions passer la nuit. Nous y trouvâmes tous les habitants sous les armes, parce que la nuit d'auparavant un grand nombre de loups et quelques ours y étaient entrés, et leur avaient donné une alarme qui les obligeait à se tenir continuellement en sentinelle, surtout pendant la nuit, afin de défendre leurs troupeaux et se défendre eux-mêmes.

Le jour d'après, notre guide était fort mal; les membres où il avait été blessé étaient tellement enflés, qu'il lui fut impossible de nous servir davantage: nous fûmes obligés d'en prendre un autre pour nous conduire jusqu'à Toulouse. Là nous trouvâmes, au lieu de montagnes, de neige et de loups, un climat chaud et une campagne riante et fertile.

Quand nous racontâmes notre aventure, on nous dit que rien n'était plus ordinaire que d'en avoir de semblables au pied des montagnes, surtout quand il y avait de la neige; on était fort surpris de ce que nous avions trouvé un guide assez hardi pour nous mener par cette route dans une saison si rigoureuse, et l'on assura que nous devions nous trouver fort heureux d'avoir sauvé notre vie de la fureur de tant de loups affamés.

Je ne dirai rien de mon voyage en France, puisque plusieurs autres ont parlé de tout ce qui concerne ce pays infiniment mieux que je ne saurais le faire. Je passai de Toulouse à Calais par Paris, et j'arrivai à Douvres le 11 janvier, après avoir essuyé un froid presque insupportable.

J'étais parvenu alors au but de mes désirs: j'avais avec moi tout mon bien; toutes mes lettres de change avaient été payées sans aucun délai.

Dans cette heureuse situation, je me servis de ma bonne veuve comme d'un conseiller privé; ses bontés pour moi étaient redoublées par la reconnaissance, et elle ne trouvait aucun soin trop embarrassant, ni aucune peine trop fatigante, quand il s'agissait de me rendre service. Aussi avais-je une si parfaite confiance en elle, que je croyais tous mes effets en sûreté entre ses mains; et certes pendant tout le temps que j'ai joui de son amitié, je me suis cru heureux d'avoir trouvé une personne d'une probité si inaltérable.

J'avais renoncé au projet de me rendre au Brésil, et je me décidai à rester dans ma patrie, surtout si j'étais assez heureux pour trouver le moyen de me défaire avantageusement de ma plantation. Dans cette intention j'écrivis à mon vieil ami de Lisbonne, qui me répondit qu'il me procurerait aisément le moyen de la vendre dans le pays même; qu'il jugeait à propos, si j'y consentais, de l'offrir en mon nom aux deux héritiers de mes facteurs, qui étaient riches, et qui, se trouvant sur les lieux, en connaissaient parfaitement la valeur; que, pour lui, il était sûr qu'ils seraient ravis d'en faire l'achat, et qu'ils m'en donneraient au moins quatre ou cinq mille pièces de huit de plus que je n'en pourrais trouver de tout autre. J'y consentis, l'affaire fut bientôt réglée, et huit mois après, la flotte du Brésil étant arrivée en Portugal, j'appris par une lettre du capitaine que mon offre avait été acceptée, et que mes facteurs avaient envoyé à leur correspondant à Lisbonne 33,000 pièces de huit pour payer le prix convenu.

Je ne balançai pas un moment à signer les conditions de la vente, telles qu'on les avait dressées à Lisbonne, et en ayant renvoyé l'acte à mon vieil ami, il me fit tenir des lettres de change de la valeur de 32,800 pièces de huit pour le prix de ma plantation, à condition qu'elle resterait chargée du paiement de cent moïdores par an, tant que le capitaine vivrait, et de cinquante pendant toute la vie de son fils.

C'est par là que je finis la première partie de l'histoire de ma vie. On y voit une si grande variété d'aventures, que je doute fort que celle d'aucun autre homme en puisse fournir autant. Elle commence par des extravagances qui ne préparent le lecteur à rien d'heureux, et elle finit par un bonheur qu'aucun des événements qu'on y trouve ne promettait.

Je pris sous ma tutelle mes deux neveux : l'aîné avait quelque bien, ce qui me détermina à l'élever avec distinction, et à faire en sorte qu'après ma mort il pût soutenir la manière de vivre que je lui faisais prendre. Pour l'autre, je le confiai à un capitaine de vaisseau, et le trouvant, après cinq années de voyages, sensé, courageux et entreprenant, je lui confiai le gouvernement d'un vaisseau.

Je me mariai d'une manière avantageuse, et je devins père de trois enfants, savoir, deux garçons et une fille; alors je goûtai les douceurs de la vie de père de famille, dont je m'étais cru privé à jamais. Je reconnus alors, mieux que je n'avais encore pu le faire, combien mon vénérable père avait eu raison de me vanter les plaisirs purs d'une condition moyenne, et les jouissances de la vie privée. Mais comme il n'est pas de bonheur parfait sur la terre, et que toute situation agréable ne saurait durer, je perdis mon épouse chérie. On verra bientôt comment, privé de cette douce compagnie, je me replongeai dans de nouvelles fatigues, et j'allai m'exposer à de nouveaux dangers, pour satisfaire une nouvelle fantaisie qui vint me surprendre au milieu d'un bonheur acheté par tant de traverses.

FIN DU TOME SECOND.

La Collection des meilleurs romans français et étrangers formera *Cent volumes fixes* (non compris le Walter Scott), de 230 pages environ, à *Un franc le volume* pour les souscripteurs à la Collection entière, et *Un franc 25 cent.* séparément.

NOMS DES AUTEURS

COMPOSANT LA COLLECTION.

Romans Français.

Mmes Cottin (œuvres complètes), 13 vol. — De Graffigny, 1 vol. — De Lafayette, 2 vol. — Riccoboni, 2 vol. — De Staël, 5 vol. — De Tencin, 1 vol. — Cazotte, 2 vol. — Fénélon, 3 vol. — Florian, 4 vol. — Hamilton, 2 vol. — Le Sage, 8 vol. — Marivaux, 5 vol. — Marmontel, 4 vol. — Mirabeau, 3 vol. — Montesquieu, 3 vol. — L'abbé Prévost, 2 vol. — J. J. Rousseau, 6 vol. — Scarron, 4 vol. — Tressan, 7 vol.

Romans Etrangers.

Miss Burney, 4 vol. — Fielding, 5 vol. — Daniel Foé, 4 vol. — Goëthe, 2 vol. — Goldsmith, 2 vol. — Miss Inchbald, 2 vol. — Johnson, 2 vol. Sterne, 1 vol. — Swift, 3 vol. — Walter Scott (chefs-d'œuv.).